Evangelhos Sinóticos

e Atos dos Apóstolos

SÉRIE PRINCÍPIOS DE TEOLOGIA CATÓLICA

Evangelhos Sinóticos
e Atos dos Apóstolos

Cristina Aleixo Simões

2ª edição

Rua Clara Vendramin, 58 . Mossunguê
CEP 81200-170 . Curitiba . PR . Brasil
Fone: (41) 2106-4170 . www.intersaberes.com . editora@intersaberes.com

Conselho editorial
Dr. Alexandre Coutinho Pagliarini
Drª Elena Godoy
Dr. Neri dos Santos
Mª Maria Lúcia Prado Sabatella

Editora-chefe
Lindsay Azambuja

Gerente editorial
Ariadne Nunes Wenger

Assistente editorial
Daniela Viroli Pereira Pinto

Edição de texto
Monique Francis Fagundes Gonçalves

Capa e projeto gráfico
Iná Trigo (*design*)
Tatiana Kasyanova/Shutterstock (imagem)

Diagramação
Maiane Gabriele de Araujo

Designer responsável
Sílvio Gabriel Spannenberg

Iconografia
Regina Claudia Cruz Prestes
Sandra Lopis da Silveira

Dados Internacionais de Catalogação na Publicação (CIP)
(Câmara Brasileira do Livro, SP, Brasil)

Simões, Cristina Aleixo
    Evangelhos sinóticos e atos dos apóstolos / Cristina Aleixo Simões. -- 2. ed. -- Curitiba, PR : InterSaberes, 2024. -- (Série princípios de teologia católica)

    Bibliografia.
    ISBN 978-85-227-1294-6

    1. Bíblia. N.T. Atos dos Apóstolos – Crítica e interpretação 2. Bíblia. N.T. Evangelhos – Crítica e interpretação I. Título II. Série.

24-188962   CDD-226.606

Índices para catálogo sistemático:
1. Atos dos Apóstolos : Interpretação e crítica   226.606
2. Evangelhos : Interpretação e crítica   226.06

Cibele Maria Dias – Bibliotecária – CRB-8/9427

1ª edição, 2017.
2ª edição, 2024.
Foi feito o depósito legal.
Informamos que é de inteira responsabilidade da autora a emissão de conceitos.
Nenhuma parte desta publicação poderá ser reproduzida por qualquer meio ou forma sem a prévia autorização da Editora InterSaberes.
A violação dos direitos autorais é crime estabelecido na Lei n. 9.610/1998 e punido pelo art. 184 do Código Penal.

Sumário

Apresentação, 15
Introdução, 19
Como aproveitar ao máximo este livro, 21

1	Formação dos Evangelhos Sinóticos, 25
1.1	Evangelho: significado do termo e interpretação cristã, 28
1.2	Processo de formação dos Evangelhos, 31
1.3	Formas narrativas dos Evangelhos, 35
1.4	Evangelhos e questão sinótica, 43
1.5	Finalidade evangélica, 48

2	Evangelho segundo Marcos e Evangelho segundo Mateus, 57
2.1	Introdução aos textos de Marcos e de Mateus, 60
2.2	Informações sobre os autores, os locais e a datação das obras, 76
2.3	Desenvolvimento dos textos de Marcos e de Mateus, 79

2.4	As comunidades por trás dos textos de Marcos e de Mateus, 97	
2.5	Dimensão teológica dos textos de Marcos e de Mateus, 101	
3	**Evangelho segundo Lucas, 121**	
3.1	Introdução ao texto de Lucas, 124	
3.2	Informações sobre o autor, o local e a datação da obra, 131	
3.3	Desenvolvimento do texto de Lucas, 132	
3.4	A comunidade por trás do texto de Lucas, 140	
3.5	Dimensão teológica do texto de Lucas, 143	
4	**Formação do livro dos Atos dos Apóstolos, 159**	
4.1	Introdução ao livro dos Atos dos Apóstolos, 162	
4.2	Informações sobre o autor, o local e a datação da obra, 169	
4.3	Desenvolvimento do livro dos Atos dos Apóstolos, 170	
4.4	A comunidade por trás do livro dos Atos dos Apóstolos, 182	
4.5	Dimensão teológica do livro dos Atos dos Apóstolos, 185	
5	**Paulo e as origens do cristianismo, 199**	
5.1	Introdução ao tema de Paulo e das origens do cristianismo no livro dos Atos dos Apóstolos, 202	
5.2	Conversão de Paulo na obra lucana: uma reviravolta histórica, 204	
5.3	Primeira viagem missionária, 207	
5.4	Missão e fundação das igrejas, 210	
5.5	Paulo: o "apóstolo" que conclui a missão "até os confins da terra", 215	
6	**Os sumários da primeira comunidade cristã, 225**	
6.1	Introdução à abordagem dos sumários da primeira comunidade do livro dos Atos dos Apóstolos, 229	
6.2	Primeiro sumário: ensinamento dos apóstolos; comunhão fraterna; fração do pão; oração (At 2,42-27), 233	

6.3 Segundo sumário: testemunho e comunhão fraterna, 237
6.4 Terceiro sumário: unidade e fé, 240
6.5 Barnabé: exemplo de generosidade; Ananias e Safira: modelos de contratestemunho e de infidelidade, 243

Considerações finais, 253
Referências, 255
Bibliografia comentada, 259
Respostas, 261
Sobre a autora, 263

"O Espírito do senhor está sobre mim,
porque ele me ungiu para evangelizar os pobres;
enviou-me para proclamar a remissão aos presos
e aos cegos a recuperação da vista,
para restituir a liberdade aos oprimidos
e para proclamar um ano de graça do Senhor."
(Lc 4,18-19)[1]

---

1 As passagens bíblicas utilizadas nesta obra são citações da Bíblia de Jerusalém (Bíblia, 2002), exceto quando for indicada outra referência e nas passagens utilizadas pelos autores citados. Para verificar estas últimas, favor consultar as obras originais de cada autor, constantes na seção "Referências".

Aos meus pais, Alvino e Neusa, por todo amor, incentivo, compreensão e colaboração na realização deste trabalho.

Ao Wellington e à Cristiane, por todo carinho e confiança, e ao Antônio, amado sobrinho, presente de Deus para nossa família.

Minha gratidão e meu carinho aos queridos amigos,
Adriano Souza Lima, Fabrizio Zandonadi Catenassi,
Alexandre Escame, Frei Vicente Artuso e Frei Ildo Perondi,
porque acreditam em mim.

Agradeço também ao Monsenhor Joseph Bernard Agius
e ao Padre José Bach. Obrigada ainda a Bethênia Gaffo
Gregorio, pelo apoio e pelas trocas de conhecimento entre
história e teologia.

Apresentação

A Bíblia é um dos livros mais conhecidos em todo o mundo, e muitos são os que se dedicam a estudá-la e a conhecê-la, tanto para aprofundamento da fé quanto por mera curiosidade ou por questões especulativas. Historiadores e arqueólogos tentam desvendar seus mistérios, uma variedade de livros é produzida a respeito de seus textos e o cinema e a TV não perdem a oportunidade de contar suas histórias.

A questão mais proeminente de tudo isso é: Será que todas essas formas de abordagem levam o leitor do cânone bíblico a conhecê-lo melhor? Essa dúvida se deve ao fato de que é provável que a maioria dos cristãos tenha uma Bíblia em casa, porém o que se ouve deles é que os textos bíblicos são difíceis, não é possível entendê-los e, mesmo quando realizam uma leitura completa, desde o Gênesis até o Apocalipse, continuam a encontrar dificuldade em sua interpretação.

Não obstante, devemos nos lembrar de que o centro da Bíblia para os cristãos compreende os Evangelhos. Esses textos relatam a vida e o ministério do homem que marcou a história da humanidade. A fé em Jesus Cristo é uma escolha de vida que só tem sentido se for de fato vivida, experimentada. Dessa maneira, essa prática capacita os que optam por ela a transformar os meios em que estão inseridos: a casa, a comunidade, o trabalho, as realidades econômicas, políticas e sociais e o mundo. É esse o sentido do conhecimento e da vivência cristã.

Entretanto, leituras alienadoras dos textos bíblicos representam um grande perigo na atualidade. Essa maneira de interpretar a Bíblia suscita nas pessoas um sentimento exclusivista, de fechamento aos outros e às realidades diversas. Isso pode causar a falta de misericórdia e de espírito de solidariedade. Pode também implicar o desligamento das verdades concretas e os sentimentos de culpa e de medo que paralisam a vida. Afinal, leituras fundamentalistas são incapazes de dialogar com outras e de testemunhar a autêntica fé cristã.

Diante dessas dificuldades, tanto da leitura quanto da interpretação dos livros bíblicos, justifica-se um trabalho de exposição e de aprofundamento desses textos, mais especificamente dos Evangelhos Sinóticos e do livro dos Atos dos Apóstolos. Conhecermos as características dessas obras, como suas origens e sua formação, a realidade que estava por trás das narrativas que elas apresentam e quem é o Jesus sobre o qual elas se debruçam são informações importantes para compreendermos a fé cristã.

Igualmente relevante é percebermos qual teologia perpassa cada um dos Evangelhos Sinóticos e o livro dos Atos dos Apóstolos e como teve início o movimento que, mais de dois mil anos depois, leva a palavra de uma pessoa – Jesus Cristo – a tocar no mais íntimo o coração de quem a escuta. Além disso, refletir sobre a Bíblia, junto com as diretrizes da Igreja, atualiza a mensagem de Cristo. Dessa maneira, o estudo apresentado neste trabalho não é apenas dirigido a quem tem fé, mas também colabora na aprendizagem de qualquer pessoa interessada ou curiosa sobre o assunto.

Por isso, dividimos a obra em capítulos que buscam apresentar os temas de forma progressiva. Assim, no Capítulo 1, trataremos de explicar o termo *evangelho* – de onde surgiu, qual é seu sentido para o cristianismo e como foram formados os textos que compõem esse gênero.

Na sequência, no Capítulo 2, analisaremos dois dos Evangelhos Sinóticos: o Evangelho segundo Marcos e o Evangelho segundo Mateus. Nesse sentido, verificaremos informações sobre os autores dessas obras, as épocas e os locais em que elas foram elaboradas, a realidade das comunidades onde foram escritas, os conflitos internos e externos enfrentados pela população na época, a teologia implícita nos acontecimentos relatados e o desenvolvimento de cada obra.

Separamos o Capítulo 3 para tratarmos do Evangelho segundo Lucas, pois ele representa, junto com o livro dos Atos dos Apóstolos, escrito pelo mesmo autor, o maior empreendimento literário do Novo Testamento. O Evangelho segundo Lucas é o único dentre os sinóticos que oferece um prólogo explicativo. Nesse capítulo, também apresentaremos diversas informações sobre esse texto, como data e local de sua redação, o contexto da comunidade em que nasceu, a teologia que exprime, entre outros dados relevantes.

No Capítulo 4, continuaremos a analisar os textos de Lucas, dessa vez nos concentrando na formação do livro dos Atos dos Apóstolos, no nascimento da Igreja, sua progressão do meio judeu-cristão para o mundo helênico e os motivos que levaram Lucas a dedicar dois terços de sua obra ao missionário Paulo. Sobre esse apóstolo, mostraremos, no Capítulo 5, sua conversão e as origens do cristianismo, conforme esses eventos são narrados no livro dos Atos dos Apóstolos.

Por fim, No Capítulo 6, apresentaremos os contextos da vida da primeira Igreja, a comunidade de Jerusalém, o modo de viver dos fiéis e de se relacionar com suas irmãs e seus irmãos, baseado na fé em Jesus

Cristo ressuscitado. Comentaremos também sobre a liberdade e a generosidade dos que atualmente aderem à fé e à vida cristã e os desafios que enfrentam.

Enfim, destacamos que conhecer os Evangelhos Sinóticos e o que caracteriza o início da Igreja de Cristo é fundamental para direcionarmos a vida cristã de hoje. Ressaltamos que este é um trabalho com fundamentação teórica, e as obras mencionadas e os autores citados ao longo do texto são devidamente identificados.

Esperamos, por isso, que esta obra auxilie você, leitor na melhor compreensão dos textos do Novo Testamento e o leve a alcançar uma formação teológica que o conduza à prática evangélica em prol da transformação da realidade atual. Por um mundo no qual o Senhor reine com toda sua justiça misericordiosa, desejamos uma boa leitura!

Introdução

A palavra *evangelho* traz à mente da maioria de nós a imagem da Bíblia Sagrada. Alguns podem pensar em algo relacionado à narrativa da vida de Jesus Cristo ou mesmo à religião cristã. Há aqueles que, certamente, associam o termo aos Evangelhos de Marcos, de Mateus, de Lucas e de João, textos muito conhecidos e estudados em todo o mundo. Até mesmo um não crente pode dizer que *evangelho* é um livro sobre a história de um homem chamado Jesus, oriundo de um lugar chamado Nazaré, na Galileia, cujo modo de viver e as coisas que fez e ensinou marcaram fortemente a história da humanidade. Mas, se a resposta vier de um crente, é provável que ele diga que se trata da história do Filho de Deus, que veio ao mundo para a salvação da humanidade.

Contudo, se temos a intenção – particular ou comunitária – de conhecer mais a fundo os Evangelhos, se há em nós o desejo de aprofundar o entendimento sobre Jesus, é necessário debruçarmo-nos sobre os textos bíblicos e pesquisarmos como cada um deles foi construído. Entre tantas questões que podem ser levantadas sobre o assunto, é importante que entendamos a lógica das narrativas expressas nos Evangelhos, que não têm a intenção de ser uma biografia de Jesus de Nazaré, mas transmitir a mensagem apresentada por ele. Devemos entender ainda que Jesus é a própria mensagem, pois nasceu entre os seres humanos e os ensinou a viver de maneira que o Reino de Deus Pai se fizesse realidade para que todos nós, homens e mulheres, alcancemos a plenitude da vida.

Além disso, conhecendo a realidade da primeira comunidade cristã, seu testemunho e o caminho percorrido pelos missionários, é possível interpelarmos a Igreja de hoje sobre suas atitudes e sua colaboração na construção de um mundo melhor.

Como aproveitar ao máximo este livro

Empregamos nesta obra recursos que visam enriquecer seu aprendizado, facilitar a compreensão dos conteúdos e tornar a leitura mais dinâmica. Conheça a seguir cada uma dessas ferramentas e saiba como estão distribuídas no decorrer deste livro para bem aproveitá-las.

Introdução do capítulo

Logo na abertura do capítulo, informamos os temas de estudo e os objetivos de aprendizagem que serão nele abrangidos, fazendo considerações preliminares sobre as temáticas em foco.

características que o outro evangelista apresenta, como a incompreensão deles diante das obras e dos ensinamentos de Jesus (Mt 14,33;16,12).

Contudo, é claro também no Evangelho segundo Mateus que os discípulos têm suas dificuldades, tanto nas questões da vida concreta quanto no sustento da fé e da fidelidade nos momentos de crise e de conflito. Assim, o autor descreve diversas vezes no texto a insuficiência da fé dos discípulos (Mt 6,30; 8,26; 14,31;16,8; 17,20).

Síntese

Neste capítulo, apresentamos informações relevantes sobre o Evangelho segundo Marcos e o Evangelho segundo Mateus, fazendo distinções e interpretações importantes entre eles.

Observamos que o primeiro pode ser dividido em duas grandes partes, cada uma representada por uma perguntas – "Quem é Jesus?" e "Como é o messianismo de Jesus de Nazaré?". Esse texto é compreendido como o *Evangelho do caminho do discípulo*.

Já o segundo tem como base o livro de Marcos, a fonte Q e uma terceira fonte, à qual apenas Mateus teve acesso, designada M, razão por que o evangelista apresenta um relato bem maior que o de Marcos, abordando inclusive relatos sobre a infância de Jesus. Por essas e tantas razões, o Evangelho segundo Mateus é considerado *Evangelho da Igreja (ekklésia)*.

Depois de analisarmos particularidades importantes dessas duas obras, podemos nos deixar levar por Marcos e sentirmo-nos parte da Igreja e adotar a prática da justiça defendida por Mateus para, então, estarmos prontos para percorrer o caminho salvador apresentado no Evangelho segundo Lucas, conhecido também como *Evangelho social*, sobre o qual falaremos no capítulo a seguir.

⌐ Síntese

Ao final de cada capítulo, relacionamos as principais informações nele abordadas a fim de que você avalie as conclusões a que chegou, confirmando-as ou redefinindo-as.

Atividades de autoavaliação

1. Marque V para as afirmativas verdadeiras e F para as falsas:
   ( ) O documento produzido por Marcos foi muito bem acolhido no meio cristão, tanto pela sua interação diante do contexto em que foi escrito quanto pela forma com que apresentou a Boa Nova.
   ( ) O Evangelho segundo Marcos é o mais conciso dentre os sinóticos, porém oferece várias informações a respeito do encontro entre os discípulos e o Jesus ressuscitado.
   ( ) O Evangelho segundo Marcos é considerado o *Evangelho do discipulado*. O autor apresenta o caminho a ser seguido pelos discípulos de Jesus Cristo.
   ( ) A obra de Mateus, com característica particularmente doutrinal, é uma catequese à Igreja de seu tempo. O autor foi o primeiro evangelho apresentado na lista dos canônicos tras textos de apreço singular para os cristãos, como é o caso do *Sermão da montanha*, que tem início com a passagem sobre as bem-aventuranças.

   Agora, assinale a alternativa que apresenta a sequência correta:
   a) V, F, V, V.
   b) V, F, F, V.
   c) V, F, V, F.
   d) V, V, F, F.

2. Assinale a alternativa incorreta com relação ao Evangelho segundo Marcos:
   a) A Galileia é um local muito importante para a obra de Marcos. Esse autor apresenta a maior parte da vida pública de Jesus nesse território, uma região periférica, o que contrastou com o

---

⌐ Atividades de autoavaliação

Apresentamos estas questões objetivas para que você verifique o grau de assimilação dos conceitos examinados, motivando-se a progredir em seus estudos.

Atividades de aprendizagem

Aqui apresentamos questões que aproximam conhecimentos teóricos e práticos a fim de que você analise criticamente determinado assunto.

Bibliografia comentada

Nesta seção, comentamos algumas obras de referência para o estudo dos temas examinados ao longo do livro.

1
Formação dos Evangelhos Sinóticos

A Bíblia Cristã apresenta quatro textos canônicos que descrevem o protagonismo de Jesus na história por meio de relatos de sua vida. Três deles são chamados de *sinóticos*.

Neste capítulo, explicamos o motivo pelo qual os textos que trazem a mensagem de Jesus Cristo de forma anônima, após certo período da sua redação, receberam o título de *Evangelhos*. Nesse sentido, apresentaremos o significado do termo *evangelho* fora do mundo cristão e como ele foi entendido pela Igreja dos primeiros séculos.

Os textos evangélicos foram construídos por meio de uma trama organizada por seus redatores e por isso contêm diversas formas literárias, o que torna sua leitura e seu estudo algo ainda mais interessante e bonito.

Além do mais, os autores tiveram, cada um, finalidades específicas para a redação de suas obras, que se estendem ao longo da história. Por isso, até hoje, por meio de suas narrativas, eles levam o conhecimento da Palavra de Deus, asseguram a fé dos crentes e fazem da vida de Jesus Cristo um modelo para as nossas. São essas as questões que discutiremos a seguir.

1.1 Evangelho: significado do termo e interpretação cristã

A palavra *evangelho* não foi uma novidade no meio da comunidade cristã primitiva. Ela já era conhecida tanto no mundo greco-romano como no judaico. Por isso, compreendermos o título *evangelho* dado aos textos canônicos é muito importante para que entendamos seu significado e alcance.

Mas o que significa exatamente *evangelho*? O termo vem da língua grega e significa "bom" (*eu*) "anúncio" (*aggelô*) (Monasterio, 2012a, p. 18). Ou seja, a palavra define uma "boa notícia", uma "Boa Nova", uma mensagem ou novidade de alegria no ambiente em que é encontrada ou proclamada.

Antigamente, no meio profano, o termo estava relacionado aos grandes feitos dos imperadores, a suas vitórias e conquistas militares. Também era considerado *evangelho* o nascimento do imperador, as datas de seus aniversários, sua entronização ou maioridade. Seus feitos eram sempre uma "boa notícia" para seus súditos. O termo estava ligado também ao culto religioso. Para os romanos, por exemplo, o imperador era considerado um salvador, era comparado a um deus e interpretado como tal (Gourgues; Charpentier, 1985). Desse modo, é dele que vinham as "boas novas", e seu nascimento era motivo de júbilo.

Em contraste com esse pensamento estava a Igreja cristã primitiva, que entendia o significado de *evangelho* de acordo como este se apresenta na versão grega do Antigo Testamento – tradução da Setenta (LXX) –, na qual a palavra aparece mais como verbo do que como substantivo, no sentido de *anunciar, evangelizar*. Essas acepções são compreendidas no contexto do livro do profeta Isaías, especificamente nos textos do dêutero Isaías (Is 40-55) e do trito Isaías (Is 56-66), que eram bem conhecidos na época de Jesus. As pequenas sinagogas certamente tinham, além da Torá e do livro dos Salmos, o livro do profeta.

O livro de Isaías fala do **anúncio** da vinda do Reino de Deus em uma situação bem particular: o período do exílio na Babilônia e o tempo posterior a ele. Em um momento difícil para o povo judeu, o texto retrata o reinado de Deus sobre os homens, que, à época, era iminente e oferecia paz e salvação, bem como libertação para o povo oprimido e exilado. Assim, a mensagem trazia uma boa notícia, um **prenúncio** de coisas boas, como demonstra o seguinte texto profético: "Como são belos, sobre os montes, os pés do mensageiro que anuncia a paz, do que proclama boas novas e anuncia a salvação, do que diz a Sião: 'O teu Deus reina.'" (Is 52,7). Também os textos de Isaías (Is 40,9; 41,27; 60,6; 61) são importantes para a compreensão do emprego e do significado dos verbos *anunciar* e *evangelizar*.

Portanto, a Boa Nova apresentada por Isaías referia-se à intervenção salvífica e libertadora de Deus na história humana, por meio de Israel, o povo escolhido por ele para ser o sinal de salvação entre as nações.

O Novo Testamento expressa Jesus Cristo como evangelho com dois sentidos: Jesus é aquele que veio instaurar o Reino de Deus, trazendo paz e salvação, como dito em Isaías; e é também o evento da Boa Nova para todas as pessoas – mais do que qualquer proclamação de boas notícias imperiais ou militares, ele é a Boa Nova em pessoa. Por isso, o nascimento, a vida, a Paixão, a morte e a ressurreição de Cristo não são vários evangelhos, mas um só para os que creem nele. Em Jesus de Nazaré, é Deus que reina dentro da história humana, e não fora dela. Por isso, sua proclamação é **evangelho**.

Vemos, também, que o termo estava relacionado primeiramente à pregação oral sobre Jesus Cristo, e não a textos escritos. *Evangelho* era e é a proclamação do reinado inaugurado por Jesus. Os textos escritos que vieram posteriormente a essa realidade proclamada receberam este título tardiamente, bem depois de sua redação (Monasterio, 2012a, p. 19).

Outra questão importante que devemos destacar é o fato de o evangelho ser um acontecimento cristão que se realizou de forma contrária às expectativas. Isso porque ocorreu de modo completamente inesperado. Por exemplo, no contexto do fim do exílio do povo de Israel na Babilônia, o rei Ciro – do mundo pagão – era considerado um enviado de Deus para a salvação do povo porque libertara os exilados e dera a eles a possibilidade de retorno a sua terra. Entretanto, a leitura que Israel faz sobre esse acontecimento é a seguinte: Deus age onde não se espera, como na atitude de um rei estrangeiro que venceu a Babilônia e permitiu a volta dos exilados e, ainda, conforme sua política de dominação, autorizou a reconstrução do Templo de Jerusalém e admitiu a atividade religiosa judaica. Assim, foi o próprio Deus que libertou seu povo, mesmo que na pessoa de um rei pagão, que não fazia parte do povo da aliança.

Além do mais, o evangelho de Jesus é uma Boa Nova de libertação que transforma a situação de opressão de modo concreto, ou seja, é uma libertação que envolve a vida integral de cada pessoa. Cristo é um homem que veio de uma pequena aldeia, Nazaré, e iniciou sua missão na Galileia, que se localizava na periferia, e não no centro religioso de Jerusalém – ao contrário do que era esperado. Ele realizou uma salvação que supõe uma mudança de vida de forma concreta mediante sua ação dentro da história humana e fazendo parte dela. Ele não agiu como um messias régio, que derruba o poder vigente e reina de forma humana, mas como um enviado que se reconheceu na profecia de Isaías, conforme apresenta o Evangelho segundo Lucas, capítulo 4: ele veio para evangelizar os pobres, proclamar a libertação dos presos, a recuperação da vista aos cegos, restituir a liberdade aos oprimidos e proclamar o "ano de graça do Senhor" (Lc 4,18-20), porque nele se cumpre a autêntica **boa notícia**.

Portanto, para os cristãos, o evangelho a ser proclamado não poderia ser, como os tantos outros conhecidos, relacionado a imperadores, mesmo que num contexto religioso ou militar. O evangelho é, então, definitivamente, a Boa Nova da chegada do reinado de Deus por meio do Messias e compreende seu nascimento, sua vida, sua Paixão, sua morte e sua ressurreição tudo em um único evento: Jesus Cristo.

1.2 Processo de formação dos Evangelhos

Os textos do gênero *evangelho* – que narram a vida, a Paixão, a morte e a ressurreição de Cristo – não surgiram de imediato e não são uma biografia ou um relato da história de Jesus de Nazaré, do modo como entendemos o termo atualmente. Mas, de que modo surgiram esses textos, então?

Esse material passou por um importante processo de formação que compreendeu etapas distintas entre si. Podemos dizer que o contexto e a compreensão desses escritos progridem até eles serem concluídos como um relato da mensagem de Jesus Cristo, ou seja, a proclamação da Boa Nova aconteceu após a experiência da ressurreição. A redação dos Evangelhos ocorreu entre os anos 65 e 90 d.C., portanto, bem depois da morte e da ressurreição de Cristo. Contudo, apenas no ano 125 d.C. é que essas obras foram reunidas e passaram a fazer parte do cânone bíblico (Monasterio, 2012a, p. 17).

É imprescindível esclarecermos que as narrativas evangélicas não são uma bibliografia de Jesus de Nazaré nem relatam sua história de vida. O que esses materiais pretendem é informar e ensinar as tradições do que Jesus disse e fez durante sua vida pública (Lc 1,1-4; At 1,1). Portanto, mais do que um relato de vida, eles transmitem a mensagem que Jesus deixou. Dessa forma, os textos trazem, em suas composições, a interpretação de cada autor sobre os eventos, compreendidos num contexto particular, dentro de uma comunidade específica, da qual cada um deles fazia parte.

Assim, a constituição dos textos passou por um processo que envolveu três etapas: 1) a transmissão oral da Boa Nova, que era o próprio Jesus; 2) a propagação da mensagem por seus discípulos de forma concreta – na transmissão oral, com a vivência e a experiência da comunidade; e 3) sua redação.

Na primeira parte desse processo, *evangelho* era o que Jesus anunciou e operou: a chegada do Reino de Deus em sua ação libertadora e salvadora. Além disso, era também a pessoa de Jesus Cristo, propriamente dito. Na segunda fase, a comunidade de discípulos e de discípulas de Jesus, conhecida como *pré-pascal*[1], transmitia oralmente os ensinamentos e as ações de seu mestre. Esse grupo levava as palavras

---

1 O termo *pré-pascal* refere-se, nesse caso, à comunidade ao redor de Jesus **antes** da Páscoa do Senhor, ou seja, os discípulos e as discípulas que exerciam a missão de transmitir os ensinamentos de Jesus durante seu ministério público, antes de sua morte e de sua ressurreição.

libertadoras de Jesus em suas ações missionárias, anunciando a chegada do Reino de Deus.

No terceiro momento, a partir da Páscoa do Senhor, a experiência da ressurreição conferiu aos fatos acontecidos e aos ensinamentos de Jesus uma nova interpretação. Tudo se tornou ainda mais importante e fundamental para o movimento que continuou o anúncio do Reino de Deus, porém, agora, com uma nova compreensão de quem foi Jesus de Nazaré. É nessa fase que apareceram os primeiros escritos das palavras de Jesus e as pequenas narrativas, perícopes[2] de suas ações e de seus ensinamentos. Ao que tudo indica, havia um bloco maior desses relatos, referente a uma narração da história da Paixão (motivos, personagens envolvidos, circunstâncias). Apenas na próxima etapa é que os textos evangélicos foram escritos. Dessa forma, surgiram, enfim, os documentos que compreendem a narrativa histórico-catequética de Jesus Cristo. Esse material foi fruto da necessidade de fortalecer os crentes na fé e de esclarecer e dar base sólida à tradição que sustentava a comunidade, diante de uma realidade de instauração de um reino de salvação e de libertação que enfrenta conflitos e perseguições.

Ao anunciarem a boa notícia, esses textos, além de ensinamentos, representaram a profissão de fé em Jesus de Nazaré como Senhor. Quando confessou Jesus como Filho de Deus – que foi enviado ao seio da humanidade para experimentar a fragilidade da condição humana e, nessa circunstância, foi fiel ao projeto do reino até o fim, fato pelo qual foi ressuscitado por Deus e proclamado nos Evangelhos –, a comunidade deixou de ser imparcial diante dos eventos que aconteceram. Cabe lembrarmos que os Evangelhos têm, ainda hoje, essa representação para a Igreja.

---

2 *Perícope* é que o se conhece pelo nome de *passagem*. São pequenas narrativas contidas no texto bíblico, ou seja, parábolas, relatos de milagres ou passagens de ensinamentos de Jesus. As perícopes aparecem bem delimitadas nas bíblias.

1.2.1 Características do trabalho de redação dos textos

O trabalho de redação dos documentos evangélicos apresenta certas características. Os autores não redigiram seus textos ao acaso, mas houve uma tarefa de seleção da tradição recebida, fosse oral, fosse escrita. Em outras palavras, os redatores não escreveram tudo aquilo o que Jesus fez ou ensinou, mas selecionaram os dados que lhes interessavam. Todavia, eles usaram fontes já existentes (Jo 20,30-31; 21,15; Lc 1,1-4) com a finalidade de alcançar seus objetivos. Para melhor compreensão desse assunto, sugerimos a leitura dos trechos bíblicos indicados entre parênteses.

A criatividade na elaboração e na organização dos textos são características particulares de cada um dos evangelistas, que fizeram assim um trabalho de síntese. Exemplo disso trabalho é a composição de Mateus para o *Sermão da montanha* (Mt 5-7).

A narrativa evangélica também precisa passar por uma adaptação de acordo com as tradições das diversas Igrejas. Cada uma delas, com sua realidade concreta e particular, necessita de que os textos apresentem correspondência com suas realidades.

Assim, é certo dizermos que o evangelho, como uma obra narrativa, é composto por uma **trama**, ou seja, um emaranhado de tradições de diferentes modalidades ou estilos literários que necessita de organização redacional para dar ao leitor clareza sobre a mensagem que pretende transmitir. Essa trama só é percebida quando o texto é lido do início ao fim, em sua sequência lógica, mesmo que seja de caráter teológico.

Provavelmente, a narrativa da Paixão, com seu contexto, seus personagens e suas motivações, serviu de base para a construção dos Evangelhos. Ela é o ápice deles e, unida às tradições preexistentes, foi ampliada num relato bem elaborado: a obra evangélica em seu conjunto.

1.3 Formas narrativas dos Evangelhos

A narrativa evangélica é uma trama muito bem organizada de acordo com a finalidade de cada um de seus autores. Dessa forma, os ensinamentos e as ações de Jesus foram comunicados por meio de estilos literários diferentes, que eram transmitidos de acordo com as memórias dos discípulos e apontavam para a capacidade de cada um em adaptar a linguagem e o conteúdo conforme o público presente.

No judaísmo, era comum usar recursos literários diferentes para ensinar ou transmitir algum ensinamento ou situação. Jesus e seus discípulos eram judeus, por isso, nada mais comum do que nos deparármos com vários estilos nos textos evangélicos.

Muitos autores estudam e ensinam essas formas em suas obras. Por isso, a seguir, apresentamos as características dos gêneros textuais que compõem o evangelho, com base nos comentários de Gourgues e Charpentier (1985, p. 31-42), importantes estudiosos do Evangelho.

1.3.1 Parábola

A **parábola** é um texto narrativo cuja finalidade é transmitir um conhecimento por meio de uma comparação. Ela relaciona um ensinamento a algo próximo ou bem conhecido, em uma história verossímil e de fácil compreensão, com o objetivo de levar o ouvinte, mesmo que inconscientemente, a fazer um julgamento ou aprender a própria realidade.

Dessa forma, a parábola pode ter uma fórmula pronta – como "é semelhante" –, e, assim, fica fácil identificá-la. Como exemplo, mencionamos o trecho seguinte: "O Reino dos Céus **é semelhante** a um tesouro escondido no campo; um homem o acha e torna a esconder e, na sua alegria, vai, vende tudo o que possui e compra aquele campo" (Mt 13,44, grifo nosso).

A conclusão da parábola é muito importante e deve chamar a atenção do leitor. O desenvolvimento, por sua vez, tem a função de tornar a história mais plausível, como na *Parábola dos trabalhadores enviados à vinha* (Mt 20,1-16), que apresenta operários contratados em cinco diferentes momentos do dia, todos os quais recebem o mesmo pagamento, e, no final da narrativa, Jesus menciona apenas os que foram contratados por primeiro e por último, pois são esses dois grupos que apresentam bem o ensinamento transmitido. Os trabalhadores da terceira, da sexta e da nona horas não são mencionados na conclusão da perícope porque sua função está relacionada apenas ao melhor desenvolvimento da situação exposta.

Além disso, as parábolas também sofreram atualizações e adaptações das comunidades que as receberam e as retransmitiram. Por esse motivo aparecem, por vezes, com diferenças nos textos evangélicos.

Jesus, quando contava uma parábola, levava em consideração o público que tinha a sua frente: o povo judeu e os chefes do judaísmo. Já os discípulos se dirigiam aos cristãos, aqueles convertidos que viviam em outro ambiente e contexto, numa realidade um pouco diferente daquela do público a que se dirigia Jesus. Como exemplo do primeiro caso, mencionamos a *Parábola dos vinhateiros homicidas* (Mt 21,11-44; Mc 12,1-11; Lc 20,9-18), na qual Jesus certamente falava do Reino e de seu acolhimento: "Se não acolhem o filho que traz o Reino, este será dado a outros". Quando, no mesmo texto, aparece um trecho do Salmo 118 (Sl 118,22-23), é possível percebermos se tratar de uma atualização, um acréscimo da comunidade que já havia compreendido o destino de Jesus, tornando o texto também um anúncio da morte e da ressurreição de Jesus Cristo.

1.3.2 Alegoria

A alegoria é muito confundida com a parábola, porque também é apresentada por uma história; porém, seu objetivo é alcançar a inteligência do leitor. As imagens que a **alegoria** oferece transmitem conhecimento de forma diferente. Um bom exemplo de alegoria é o texto da "verdadeira videira", encontrado no Evangelho segundo João. Ela se refere a Jesus como a verdadeira videira: "Eu sou a verdadeira videira e meu Pai é o agricultor" (Jo 15,1). Da mesma forma, os ramos revelam uma verdade em relação aos seus discípulos: "Todo ramo em mim que não produz fruto ele o corta, e todo o que produz fruto ele o poda, para que produza mais fruto ainda" (Jo 15,2).

1.3.3 Relatos de milagres

Nestes tipos de relato, podemos identificar uma cura, uma intervenção na natureza ou um exorcismo. Eles são constituídos por cinco particularidades:

1. Têm como característica uma introdução ao relato, ou seja, uma apresentação da situação.
2. Apresentam uma súplica, ou seja, alguém pede intervenção sobre uma eventual circunstância.
3. Jesus interfere na situação, por meio de uma palavra ou ação.
4. Ocorre o efeito, a mudança de situação após a intervenção de Jesus. A cura acontece, na maioria das vezes, imediatamente, seja ela a libertação de um endemoninhado, seja o amansamento de um vento forte.
5. As pessoas que presenciam o acontecimento, frequentemente, reagem com temor ou admiração.

Como exemplo desse relato, citamos a passagem *A tempestade acalmada*, no Evangelho segundo Marcos (Mc 4,35-41):

- **Introdução** – Estavam, Jesus e seus discípulos, num barco e surgiu uma tempestade de vento que lançava as ondas para dentro do barco, e este corria o risco de afundar, porque estava ficando cheio de água: "Sobreveio então uma tempestade de vento" (Mc 4,37).
- **Súplica** – Os discípulos acordam Jesus e o questionam: "Mestre, não te importa que pereçamos?" (Mc 4,38).
- **Interferência de Jesus** – Jesus dá ordem à tempestade e o milagre acontece através de palavras dele: "conjurou severamente o vento e disse ao mar: 'Silêncio! Quieto!'" (Mc 4,39).
- **Resultado da interferência de Jesus** – O efeito é o fim da tempestade: "Logo o vento serenou, e houve grande bonança." (Mc 4,39).
- **Reação dos que presenciaram o acontecimento** – O comportamento dos discípulos diante do "milagre": "Então ficaram com muito medo e diziam uns aos outros: 'Quem é este a quem até o vento e o mar obedecem?'" (Mc 4,41).

1.3.4 Anunciação

Este é um gênero muito fácil de ser identificado. Nele, é o próprio Deus que anuncia a determinada pessoa a missão que ela deve desempenhar. Podemos encontrar a **anunciação** nos anúncios a Zacarias (Lc 1,5-25) e a Maria (Lc 1,26-38). Aparece, igualmente, no Antigo Testamento, como o anúncio a Gedeão no Livro dos Juízes (Jz 6,11-24). Da mesma forma que as perícopes de relatos de milagres, as anunciações podem ser divididas nas seguintes etapas:

1. O cenário e os personagens (pessoas) envolvidos no anúncio são apresentados.
2. Aquele que traz a mensagem divina saúda a pessoa a quem ela é destinada.
3. A pessoa para quem é dirigida a mensagem admira-se e manifesta temor.
4. A mensagem é transmitida pelo enviado divino.
5. O receptor questiona como o fato anunciado na mensagem será realizado.
6. A questão recebe um sinal.
7. O mensageiro divino se retira da cena.

1.3.5 *Midrash*

Trata-se de um método exegético ou investigativo acerca de um texto e, ao mesmo tempo, a produção literária decorrente deste método.

O *midrash* é uma forma de atualização da palavra de Deus, isto é, das Sagradas Escrituras, que pode ser uma adaptação direcionada a determinado momento. Uma forma do *midrash* – *midrash pesher*, conhecida pelas descobertas dos documentos de Qumran – mostra como personagens ou acontecimentos de uma época realizam o que foi profetizado nas Sagradas Escrituras. Os cristãos aproveitam esse gênero literário para apresentar dados do Antigo Testamento e adaptá-los aos textos que compõem o Novo Testamento. É o que acontece nos relatos da infância de Jesus, tanto no Evangelho segundo Lucas (Lc 1-2) como no Evangelho segundo Mateus (Mt 1-2). Neles há traços do *midrash*.

A perícope da *Fuga para o Egito e o massacre dos inocentes*, que conta com referências nos Livros dos Reis (1Rs e 2Rs), no Livro do Êxodo (Ex), no Livro dos Números (Nm), no Livro de Jeremias (Jr) e no Livro de Oseias (Os). Igualmente, a passagem do Evangelho segundo Mateus que relata o *Retorno do Egito e o estabelecimento em Nazaré* tem como referência um texto do Livro do Êxodo: "Quando Herodes morreu, eis que o Anjo do Senhor manifestou-se em sonho a José, no Egito, e lhe disse: 'Levanta-te, toma o menino e sua mãe e vai para a terra de Israel, pois os que buscavam tirar a vida ao menino já morreram'" (Mt 2,19-20), conforme: "Iahweh disse a Moisés, em Madiã: 'Vai, volta para o Egito, porque estão mortos os que atentavam contra a tua vida!' Tomou, pois, Moisés a sua mulher e seus filhos; fê-los montar num jumento e voltou para a terra do Egito. Moisés levou em sua mão a vara de Deus" (Ex 4,19-20).

1.3.6 Sentenças encaixadas

Esse gênero trata das palavras de Jesus inseridas num contexto de milagre ou de controvérsia – por isso o nome *sentenças encaixadas* –, no qual a questão principal não está na cura ou na discussão em si, mas naquele ponto essencial do sentido, como na passagem da *Cura do homem com a mão atrofiada* (Mc 3,1-6). Essa perícope não apresenta o esquema de relatos de milagres: a situação não é apresentada, ninguém pede a cura e a conclusão não descreve a reação dos presentes como *temor* ou *admiração*. Nessa passagem, portanto, o assunto central é o problema do sábado e envolve questões como: "Pode-se curar no sábado ou não?"; "Qual é o sentido do sábado e como é interpretado de forma alienadora e excludente pelos que estavam na sinagoga?" Portanto, a cura relatada nesse trecho tem a finalidade de evidenciar a sentença de Jesus sobre o tema do sábado.

1.3.7 Controvérsia

Este é um gênero literário muito conhecido entre os mestres judeus e é conhecido, ainda, como *disputa*. Um traço fundamental da **controvérsia** é o fato de que, nela, recorre-se às Sagradas Escrituras.

A passagem sobre *O Cristo, filho e Senhor de Davi* (Mt 22,41-46) é um modelo desse gênero. Jesus, em sua resposta, emprega um texto das Sagradas Escrituras muito conhecido dos fariseus, mas estes são incapazes de interpretá-lo corretamente. Jesus cita o Salmo no qual Davi reconhece o messias como Filho de Deus, embora humanamente ele pertença à descendência davídica: "Ora, se Davi lhe chama Senhor, como pode ser seu Filho?" (Mt 22,45).

1.3.8 Outros gêneros

Ainda entre os gêneros literários, encontramos o da **arte profana da composição** – os Evangelhos trazem, além da influência judaica, interferências do mundo profano. No texto de Marcos, podemos nos deparar com diversas palavras latinas, as quais o redator transcreve na língua grega. Alguns exemplos são: *denário* (Mc 6,37; 12,15; 14,5); *açoitar* (Mc 15,15); e *centurião* (Mc 15,39.44.45).

1.3.9 Estilos literários

Além dos gêneros literários que formam os textos evangélicos, outros dois estilos de escrita, bem conhecidos no mundo judaico, não podem deixar de ser apresentados em nosso estudo. São eles o **estilo epifânico** ou *teofânico* e o **estilo apocalíptico** ou *apocalíptica*.

Os nomes desses estilos podem trazer a nossa memória a festa litúrgica da Epifania do Senhor, celebrada pela Igreja Católica, ou, ainda, o misterioso livro do Apocalipse de João, objeto de curiosidade e de variada interpretação pelos fiéis. Por isso, é de grande importância esclarecermos a que se refere cada um desses estilos, afinal, eles traduzem algo muito diferente do que os leitores ou os ouvintes podem entender.

Estilo teofânico

Expressa a manifestação de Deus na história e resgata traços de uma **teofania fundamental**: a manifestação de Deus no monte Sinai. Nela, a presença de Deus é descrita por meio de imagens como a do fogo, das nuvens, dos relâmpagos, dos tremores etc., e aqueles que experimentam a existência divina são tomados por um sentimento de grande temor.

Muitas vezes, também nos textos veterotestamentários, Deus se manifesta por meio de um anjo – um enviado divino. O que esses textos pretendem ao usar o estilo teofânico é sugerir a presença divina, e não, de fato, descrever exatamente os acontecimentos. Correspondem a esse estilo a narrativa do dia do Pentecostes no livro dos Atos dos Apóstolos (At 2,2-4), a aparição do anjo na anunciação a Maria (Lc 1,26-38) e o anúncio da ressurreição no túmulo vazio (Mc 16,1-8; Mt 28,1-8; Lc 24,1-8).

Estilo apocalíptico

A **apocalíptica** tem sua raiz nos escritos dos profetas – como Ezequiel e Zacarias – e, na época de Jesus, influenciava várias obras. Sua origem remonta à época da perseguição realizada por Antíoco IV, por volta de 175 a.C., portanto, em um período de perseguições e aflições, o que explica o tom doloroso e de mistério que ela expressa.

Seu melhor exemplo é o livro do profeta Daniel. As imagens que essa obra apresenta – estrelas caindo, o Sol escurecendo, os céus se abrindo, entre outras – são facilmente interpretadas de maneira errada, na forma literal. Esses textos revelam muito além de suas imagens – eles pretendem exprimir Deus como mestre da história, que no momento certo intervirá colocando um fim ao mal e estabelecendo sua justiça. Quando Jesus usa esse estilo em seus discursos, é esta sua certeza. A apocalíptica refere-se, então, a uma mensagem de fé e de esperança. Não podemos fazer uma leitura fundamentalista desses textos, pois corremos o risco de fazer uma interpretação alienadora e errada deles.

1.4 Evangelhos e questão sinótica

Os quatro Evangelhos canônicos são como quatro versões de uma mesma história, a de Jesus de Nazaré. A diversidade e a riqueza acolhidas pela Igreja não esgotam nem um pouco a mensagem de Jesus, mas representam uma pluralidade encarada como abertura e comunhão de um evangelho que é **tetraforme**.

Há mais versões dessa narrativa, os chamados *Evangelhos apócrifos*. Contudo, por causa de sua datação tardia, da incoerência em relação aos primeiros textos – escritos antes do ano 100 – e da influência de comunidades místicas e gnósticas, esses textos não fazem parte da lista dos livros sagrados do Novo Testamento. Seu desenvolvimento fantasioso não segue legitimamente o pluralismo dos Evangelhos canônicos. Entretanto, eles não deixam de ter um importante valor histórico para a Igreja Católica.

Os três primeiros Evangelhos apresentados no Novo Testamento têm um esquema muito parecido. "Seus textos são de tal natureza que podem ser colocados em colunas paralelas, de modo que se percebe com rapidez e clareza suas semelhanças e diferenças" (Monasterio, 2012a, p. 49). No que se refere às diferenças, há de ressaltarmos que elas não são poucas.

Esse esquema comum, portanto, permite que as três obras sejam reunidas numa *sinopse* e, por isso, são chamadas de **Evangelhos Sinóticos**, expressão que significa ter uma visão de conjunto em relação aos três textos ou vê-los **com o mesmo olhar**. Desse modo, é fácil concluirmos que entre os sinóticos existe um importante tipo de relação literária, e isso significa que, no cristianismo nascente, nos primórdios da Igreja, os relatos sobre Jesus Cristo eram continuamente reescritos, num trabalho empenhado em garantir a fidelidade e a atualização dessa tradição.

O Evangelho segundo Marcos foi o primeiro a ser escrito e inaugurou o gênero *evangelho*, ou seja, a obra de Marcos iniciou a transmissão da forma escrita das tradições relacionadas ao acontecimento Jesus Cristo. Os textos de Mateus e de Lucas são posteriores ao de Marcos e aproveitam o material redacional deste autor para compor seus relatos.

O documento produzido por Marcos foi muito bem acolhido no meio cristão, tanto pela sua intenção diante do contexto em que escrevia quanto pela forma com que apresentou a Boa Nova de Jesus Cristo. Provavelmente, esse acolhimento despertou a redação de outros documentos no mesmo gênero. Por isso, os textos seguem o mesmo esquema em sua reelaboração da história, ainda que seus autores acrescentem novos aspectos que correspondem às necessidades de suas comunidades particulares.

Marcos construiu seu texto baseado no material que recolheu da tradição relatos de milagres, ensinamentos e parábolas, narrativas da Paixão, da morte e da ressurreição de Jesus, entre outros – como já mencionamos anteriormente.

Os trabalhos redacionais dos outros dois evangelistas sinóticos, além de serem uma reelaboração de Marcos, contaram com mais uma fonte comum a que eles tiveram acesso – e isso fica claro por meio da leitura dos textos. Mas que material é esse?

Os biblistas concordam sobre a existência de uma fonte de ditos que "não foi reencontrada, mas sua existência é geralmente admitida" (Bovon, 1985, p. 220). Trata-se de um documento contendo ditos (*logia*) de Jesus, provavelmente não conhecida por Marcos, chamado de *fonte Quelle* (Q) – em alemão, *quelle* significa "fonte". Portanto, a fonte Q refere-se a um material composto por uma coleção de sentenças de Jesus, reunido por volta do ano 46, sobre o qual afirma Bovon (1985, p. 220): "A descoberta do Evangelho de Tomé, que é uma coleção de palavras de Jesus, prova a existência do gênero literário dentro da tradição cristã primitiva e concede assim um argumento a mais a favor da existência da Coleção de Logia (=Q)".

Desse modo, tal documento explica os textos que são paralelos apenas entre os Evangelhos segundo Mateus e segundo Lucas. De alguma forma, os dois evangelistas tiveram acesso a esse material, que contém ensinamentos de Jesus de caráter doutrinal e moral. Um exemplo de textos da fonte Q são as narrativas das bem-aventuranças (Mt 5,1-12; Lc 6,20-23), sobre a dúvida de João Batista em relação à identidade de Jesus (Mt 11,2-6 e Lc 7,18-23) e do Pai-nosso (Mt 6,9-13; Lc 11,2-4). Essas passagens não aparecem no Evangelho segundo Marcos, mas são encontradas nos outros dois.

> Destacamos que, em concordância com os biblistas, sempre que mencionarmos as fontes dos Evangelhos Sinóticos, estaremos considerando a hipótese da fonte Q.

É importante realizarmos um estudo comparativo de um texto que aparece nos três Evangelhos Sinóticos para entendermos melhor a questão sinótica. Igualmente, a leitura atenciosa de uma passagem relatada apenas por Mateus e por Lucas também é importante para que possamos perceber as semelhanças e as diferenças entre esses textos. Além disso, essa análise permite constatar que seus redatores fizeram adaptações das situações relatadas ao inseri-las em suas obras. Por isso, mencionamos as seguintes passagens presentes nos três Evangelhos[3]: *Vocação dos quatro primeiros discípulos* (Mc 1,16-20; Mt 4,18-22; Lc 5,1-11); *Cura da sogra de Pedro* (Mc 1,29-31; Mt 8,14-15; Lc 4,38-39[4]); *Vocação de Levi* (Mc 2,13-14; Mt 9,9[5]; Lc 5,27-28); *Parábola do semeador* (Mc 4,1-9; Mt 13,4-9; Lc 8,4-8); *A tempestade acalmada* (Mc 4,35-41; Mt 8,23-27; Lc 8,22-25); *Profissão de fé de Pedro* (Mc 8,27-30; Mt 16,13-20; Lc 9,18-21[6]). Entre os textos relatados apenas por Mateus e Lucas estão[7]: *As bem-aventuranças* (Mt 5,1-12; Lc 6,20-23); *A verdadeira oração. O Pai-nosso* (Mt 6,9-13; Lc 11,2-4[8]); *Pergunta de João Batista e testemunho que lhe presta Jesus* (Mt 11,2-15; Lc 7,18-28).

Outra questão, não menos importante, é que cada um dos autores sinóticos também conta com uma fonte própria. São tradições, parábolas e relatos que se encontram apenas em uma dessas obras, por exemplo, a narrativa da *Ressurreição do filho da viúva de Naim* (Lc 7,11-17). Essa passagem não é encontrada em nenhum dos outros Evangelhos, mas, de alguma forma, ela chegou até Lucas. Outros exemplos de fontes próprias do evangelista são: a passagem sobre *O filho perdido e o filho fiel: "o filho pródigo"* [sic] (Lc 15,11-32) e a passagem sobre *Os dois discípulos de Emaús* (Lc 24,13-35). Igualmente, Mateus tem material exclusivo em sua obra, como a *Parábola do devedor implacável* (Mt 18,23-35) e a *Parábola dos trabalhadores da vinha* (Mt 20,1-16).

---

[3] Os nomes das passagens são do Evangelho segundo Marcos, e repetem-se, em sua maioria, nos textos dos outros dois evangelistas. As passagens cujos nomes sofrem alterações são indicadas nas próximas notas de rodapé.

[4] *Cura da sogra de Simão.*

[5] *Chamado de Mateus.*

[6] *Profissão de fé e primado de Pedro.*

[7] Os nomes das passagens são do Evangelho segundo Mateus, seguidos também por Lucas, à exceção da passagem sobre o Pai-nosso, conforme a próxima nota de rodapé.

[8] *O pai-nosso.*

Assim, as passagens encontradas nos três textos que se explicam por meio de suas fontes são chamadas de perícopes de *tríplice tradição*, comuns a Marcos, a Mateus e a Lucas. Já as passagens paralelas em Mateus e Lucas são chamadas de *tradição dupla*. As apresentadas apenas em uma dessas obras são conhecidas como *tradição simples*. E as que aparecem mais de uma vez num mesmo Evangelho são chamadas *duplicatas* (Monasterio, 2012a).

Sendo textos narrativos, os Evangelhos têm como elemento fundamental a *trama*. Quando fazemos a leitura de um texto narrativo, é possível descobrirmos nele seu fio condutor, ou seja, o enredo que o constitui. Nos Evangelhos Sinóticos, essa trama tem similaridades em algumas particularidades (Monasterio, 2012a):

- Fundamenta-se em personagens (Jesus, discípulos, fariseus, autoridades judaicas, autoridades romanas, povo).
- Tem uma forma inicial (o ministério que começa na Galileia).
- Apresenta desenvolvimento (a popularidade ao redor da pessoa de Jesus suscita incompreensões).
- Mostra a hostilidade por parte das autoridades judaicas.
- Sublinha um conflito que se agrava.
- Oferece aprofundamento no ensino.
- Descreve a decisão de ir à Cidade Santa (viagem e confronto em Jerusalém).
- É concluída (o conflito tem seu ápice na Paixão e na morte de Jesus, crucificado, seguidas de sua ressurreição).

Porém, o mais importante é compreendermos que os Evangelhos são narrações teológicas porque narram a vida – ministério, Paixão e morte – de Jesus, revelando nela a atuação de Deus e o cumprimento do Antigo Testamento. Um tipo literário que tem raiz na tradição historiográfica judaica, que compreende a ação de Deus em sua história concreta, tal qual é apresentada na Bíblia – uma experiência de Israel com seu Deus.

Assim, o Senhor se manifesta e faz história na história humana. Os textos de Marcos, Mateus e Lucas têm igualmente essa visão, sendo que, no último, essa ideia aparece mais explicitamente. Ao apresentar sua obra narrativa, Lucas oferece datas e personagens históricos daquele período específico (Lc 1,5; 3,1-2).

1.5 Finalidade evangélica

As intenções que os autores evangélicos tiveram ao redigir seus textos foram várias. Entre elas, podemos mencionar: a necessidade de assegurar a tradição sobre Jesus em um contexto de perseguição; dar respostas às incertezas da comunidade evangélica; combater uma fé alienada que separa o Jesus histórico do Cristo da fé; legitimar a continuidade da história da salvação a uma comunidade gentílico-cristã etc. Tais temas serão expostos mais detalhadamente nos capítulos seguintes, relacionados especificamente a cada um dos Evangelhos Sinóticos. Antecipadamente, porém, é possível sintetizarmos a finalidade evangélica em três pontos:

1. **Despertar a fé e fortalecê-la** – Os Evangelhos são textos que anunciam uma novidade: uma nova realidade instaurada entre os homens. Àqueles que ainda não se deram conta da nova era iniciada na história humana – a proclamação da Palavra que, antes de qualquer coisa, é uma pessoa –, ela é transmitida de forma escrita para garantir e evidenciar o cumprimento da promessa feita por Deus Pai a seu povo, que, em Jesus de Nazaré, é realizada. Por isso, a finalidade dos Evangelhos é despertar a fé em Jesus como Messias e encorajar os crentes, fortalecendo sua a fé diante de tantas questões. No Evangelho segundo João, essa preocupação é muito bem apresentada no penúltimo capítulo: "Esses, porém, foram escritos para crerdes que Jesus é o Cristo, o Filho de Deus, e para que, crendo,

tenhais vida em seu nome" (Jo 20,31). O termo *esses* refere-se aos sinais que acompanharam o ministério de Jesus, descritos ao longo do Evangelho.

2. **Fazer da vida de Jesus um paradigma** – Nos Evangelhos, a vida de Jesus é o princípio hermenêutico – interpretativo – de suas palavras. O ensinamento de Jesus não está separado de sua ação, suas sentenças se concretizam em sua vida. Portanto, crer no ressuscitado é seguir o crucificado. A prática da Igreja não pode contradizer a prática de Jesus. O discípulo segue o mestre. Aderir à fé em Jesus como Cristo é transformar a forma como se vive. Por isso, a comunidade retratada no livro dos Atos dos Apóstolos realiza, por meio do Espírito Santo, o Reino de Deus Pai, iniciado e instaurado por Jesus (At 2,42-47; 4,32-35; 5,12-16).

3. **Apresentar uma visão equilibrada e breve, literária e teológica, da pessoa de Jesus e o vínculo entre ele e seus discípulos** – As diversas tradições de Jesus são reunidas em uma visão unitária e equilibrada, com a finalidade de impedir compreensões unilaterais e isoladas, o que poderia levar a um reducionismo a respeito de sua pessoa e da experiência de seus discípulos.

Síntese

Nosso objetivo neste capítulo foi apresentar a palavra *evangelho*, cuja origem é grega e o significado é "boa notícia", "Boa Nova" ou "bom anúncio". Inicialmente, ela estava relacionada aos grandes feitos dos imperadores, mas recebeu da comunidade cristã um significado diferente, passando a se referir primeiramente a Jesus Cristo e, depois, a suas obras e palavras.

Observamos que o trabalho dos autores evangélicos foi organizar e reelaborar as tradições de acordo com as interpretações das comunidades em que estavam inseridos, para que o verdadeiro anúncio cristão não se perdesse. Além disso, abordamos o motivo pelo qual se reconhecem e se estudam juntos os três primeiros textos do Novo Testamento: o Evangelho segundo Mateus, o Evangelho segundo Marcos e o Evangelho segundo Lucas.

Nos próximos capítulos, analisaremos o contexto em que estavam inseridos os evangelistas na época da redação de seus textos, o alcance teológico dessas obras, as formas literárias que constituem os Evangelhos e outros temas de grande importância para o conhecimento da fé cristã.

Atividades de autoavaliação

1. Marque V para as afirmativas verdadeiras e F para as falsas:
   ( ) O termo *evangelho* tem raiz no judaísmo e significa "bom anúncio" ou "Boa Nova".
   ( ) A palavra *evangelho* já era conhecida do mundo greco-romano e do judaísmo veterotestamentário e definia uma "boa notícia". Já no meio profano, estava relacionada aos grandes feitos de imperadores, como o nascimento e as vitórias militares.
   ( ) O termo *evangelho* foi usado pela primeira vez no cristianismo primitivo e define o gênero literário dos textos narrativos sobre a vida e a obra de Jesus de Nazaré.
   ( ) A Igreja primitiva entende e interpreta o termo *evangelho* de acordo com o modo como ele é apresentado na versão grega da tradução da Setenta.

   Agora, assinale a alternativa que apresenta a sequência correta:
   a) F, F, V, V.
   b) F, V, F, V.
   c) V, F, V, F.
   d) V, V, F, F.

2. Os versículos apresentados a seguir fazem parte do livro do profeta Isaías. Leia-os e identifique quais estão relacionados à interpretação cristã dada ao termo *evangelho* que, no Antigo Testamento, aparece mais como verbo do que como substantivo, no sentido de "anunciar" e "evangelizar".

   I. "Como são belos, sobre os montes, os pés do mensageiro que anuncia a paz, do que proclama boas novas e anuncia a salvação, do que diz a Sião: 'O teu Deus reina'" (Is 52,7).

   II. "Primícias de Sião, ei-las, ei-las aqui, a Jerusalém envio um mensageiro" (Is 41,27).

   III. "Lembra-te destas coisas, Jacó, e tu, Israel, pois que és o meu servo. Eu te modelei, tu és o meu servo, Israel, tu não serás esquecido" (Is 44,21).

   IV. "O espírito do Senhor Iahweh está sobre mim, porque Iahweh me ungiu; enviou-me a anunciar a Boa Nova aos pobres, a curar os quebrantados de coração e proclamar a liberdade aos cativos, a libertação aos que estão presos [...]" (Is 61,1).

   Estão corretas as sentenças:

   a) I, II e III.
   b) I, III e IV.
   c) I, II e IV.
   d) II, III e IV.

3. Evangelho é, primeiramente, tudo o que Jesus anunciou e operou. É, inclusive, a própria pessoa de Jesus. Depois, numa segunda etapa, evangelho é a proclamação feita pelos discípulos e discípulas de Jesus, a chamada *comunidade pré-pascal*. Numa terceira etapa, é a experiência que a comunidade tem com o ressuscitado, fato que confere a ela uma nova interpretação sobre a pessoa de Jesus e seu ministério. É nessa etapa que aparecem os primeiros escritos de ditos

soltos, palavras de Jesus e pequenas narrativas, perícopes de suas ações e ensinamentos. Na quarta e última etapa, é sua redação, uma narrativa histórico-catequética, fruto da necessidade de fortalecer os crentes na fé e de esclarecer, dar base sólida à tradição que sustenta a comunidade ante uma realidade de instauração do Reino de salvação e libertação e que enfrenta também conflitos e perseguições.

O texto apresentado anteriormente se refere ao processo de formação:

a) dos Evangelhos a partir da Páscoa.
b) dos Evangelhos desde a Boa Nova, que é o próprio Jesus, sua mensagem levada por seus seguidores e seguidoras até a etapa de redação dos textos.
c) do Novo Testamento.
d) do Evangelho de acordo com o pensamento cristão pós-pascal.

4. A narrativa evangélica é uma trama muito bem organizada conforme a finalidade de cada um de seus autores. Os ensinamentos e as ações de Jesus são relatados por meio de gêneros literários diferentes, transmitidos de acordo com as memórias dos discípulos, e apontam para a capacidade de adaptar a linguagem e o conteúdo de acordo com o público presente. Entre os gêneros, encontra-se um que expressa a presença de Deus na história e tem uma base fundamental: a manifestação de Deus no Sinai, descrita com imagens como a do fogo, das nuvens, dos relâmpagos, dos tremores etc. Deus também se faz presente por meio de um enviado divino e de um anjo, e o que o texto pretende é sugerir essa presença divina, e não descrever acontecimentos. Nesse estilo, identificamos a narrativa do Pentecostes, no livro dos Atos dos Apóstolos (At 2,2-4), a aparição do anjo na anunciação a Maria (Lc 1,26-38) e o anúncio da ressurreição no túmulo vazio (Mc 16,1-8; Mt 28,1-8; Lc 24,1-8).

A forma literária descrita anteriormente é conhecida como:

a) estilo apocalíptico.
b) estilo teofânico.
c) sentenças encaixadas.
d) parábola.

5. Marque V para as afirmativas verdadeiras e F para as falsas, sobre os Evangelhos Sinóticos:
   ( ) Os três primeiros Evangelhos apresentados no Novo Testamento – textos de Marcos, Mateus e Lucas – têm um esquema muito parecido, que permite que as três obras sejam reunidas numa *sinopse*, palavra que significa que podemos ter uma visão de conjunto desses textos ou vê-los com o mesmo olhar.
   ( ) O Evangelho segundo Marcos foi o primeiro a ser escrito e inaugurou o gênero evangelho, ou seja, essa obra iniciou a transmissão na forma escrita das tradições relacionadas a Jesus Cristo. Os textos de Mateus e de Lucas são posteriores ao de Marcos e aproveitam o material redacional deste para compor seus relatos.
   ( ) Os Evangelhos Sinóticos têm como fundamento principal a fonte *Quelle*, um conjunto de sentenças de Jesus transmitidas pela tradição antiga.
   ( ) O documento produzido pelo evangelista Marcos foi muito bem acolhido no meio cristão, tanto pela sua intenção diante do contexto em que escrevia quanto pela forma com que apresentou a Boa Nova.

   Agora, assinale a alternativa que apresenta a sequência correta:

   a) F, V, F, V.
   b) V, V, F, F.
   c) V, F, F, V.
   d) V, V, F, V.

Atividades de aprendizagem

Questões para reflexão

1. Leia e compare os textos sinóticos sobre o chamado dos primeiros discípulos (Mc 1,16-20; Mt 4,18-22; Lc 5,1-11) identificando as semelhanças e as diferenças entre eles.

2. Faça a leitura da perícope *As bem-aventuranças* nos textos de Mateus (Mt 5,1-11) e de Lucas (Lc 6,20-23) e anote o que as duas versões têm em comum.

3. Você compreendeu, por meio da leitura deste capítulo, o significado do termo *evangelho*, a dimensão que ele abrange no cristianismo e que acolhê-lo é deixar qualquer atitude de neutralidade a respeito do que ele representa. Com base nesses conhecimentos, como você interpreta o Evangelho de Jesus em sua vida hoje?

4. Apresentamos as diversas formas de textos de um evangelho, entre elas o estilo apocalíptico, cujo conteúdo revela muito mais do que imagens. A pretensão desse tipo de texto é exprimir Deus como mestre da história, que, no momento certo, intervirá, colocando um fim ao mal e estabelecendo sua justiça. Vimos que, quando Jesus usa esse estilo em seus discursos, ele revela essa certeza. A apocalíptica refere-se, então, a uma mensagem de fé e de esperança. Entretanto, muitas são as pessoas que fazem uma leitura literal e fundamentalista dos textos bíblicos no mundo de hoje. A leitura errada da Bíblia pode transformá-la numa verdade alienadora, e não libertadora, do ser humano. Considerando que você pode fazer uma leitura interpretativa desses textos, como eles podem ser aplicados nas comunidades atualmente?

5. Compare, nos Evangelhos Sinóticos, as perícopes a seguir e anote as semelhanças e as diferenças encontradas entre elas: *Batismo de Jesus* (Mc 1,9-11; Mt 4,1-11; Lc 4,1-13), *Profissão de fé de Pedro* (Mc 8,27-30; Mt 16,13-20; Lc 9,18-21) e *O túmulo vazio, Mensagem do anjo* (Mc 16,1-8; Mt 28,1-8; Lc 24,1-10).

Atividade aplicada: prática

1. Faça uma pesquisa entre as pessoas da sua família ou de alguma pastoral sobre o que elas compreendem por *evangelho*. Descubra se os entrevistados entendem as narrativas dos evangelistas Marcos, Mateus e Lucas como verdadeiras bibliografias de Jesus ou como textos que transmitem sua mensagem. Aproveite e dê sua contribuição à comunidade.

2
Evangelho segundo Marcos e Evangelho segundo Mateus

Veremos, neste capítulo, dados importantes sobre os Evangelhos segundo Marcos e segundo Mateus com a finalidade de estabelecer mais intimidade com esses textos. Apresentaremos informações sobre os autores, os lugares em que foram compostos, os conflitos vividos pelas comunidades desses lugares e a teologia que eles contêm.

Adotaremos, em nossa análise, o texto de Marcos no papel de primeiro plano, por ele se tratar do primeiro evangelho escrito e também por ser fonte dos outros dois Evangelhos Sinóticos. Desse modo, cada um dos pontos que verificaremos do Evangelho segundo Marcos será acompanhado de um comentário sobre o texto de Mateus.

2.1 Introdução aos textos de Marcos e de Mateus

O Evangelho segundo Marcos é o texto mais antigo dentre os sinóticos. O fato de ser a primeira narrativa escrita sobre a história – teológica – de Jesus de Nazaré confere a essa obra um papel importante, uma vez que seu autor inaugurou um novo gênero literário, o **evangelho**.

A maneira como Marcos amarra as tradições recebidas sobre Jesus teve uma excelente aceitação da parte de seus receptores, tanto que os outros autores evangélicos fizeram o mesmo, pois, como já explicamos no capítulo anterior, o texto de Marcos exerce um papel de fonte para Lucas e Mateus.

Por meio do aprofundamento dessa obra, de sua mensagem, de seu contexto, de sua teologia e de sua linguagem, podemos compreender o que o evangelista queria apresentar aos cristãos de seu tempo e aos da atualidade. Por isso, é necessário que façamos uma leitura completa do livro, a fim de compreendermos seu sentido geral.

O Evangelho segundo Marcos é o mais conciso dentre os sinóticos e termina de maneira brusca, narrando poucos eventos a respeito da ressurreição do Senhor. A obra pode ser dividida em duas grandes partes, que respondem a duas perguntas sobre Jesus. O capítulo 8 é o centro de todo o texto, pois, nele, depois de Jesus ter sofrido rejeição e incompreensão até de seus discípulos, inicia-se o ensinamento a respeito do sofrimento e da morte do Filho do Homem, como também de sua ressurreição como projeto de Deus. As narrativas das parábolas e as ações de Jesus, bem como a vocação dos discípulos, só podem ser compreendidas à luz da Paixão, da morte e da ressurreição de Cristo (Brown, 2012).

O livro de Marcos é considerado o **Evangelho do Discipulado**, pois apresenta o caminho a ser seguido pelos discípulos de Jesus Cristo, que não se apresenta como resposta, mas como uma pergunta: "'Quem dizeis que eu sou?' ([Mc] 8,29)" (Myers, 1992, p. 142). Assim, aquele que deseja responder a essa pergunta deve começar da Galileia e fazer todo o caminho do ministério de Jesus desde seu princípio, sua Paixão e sua morte até sua ressurreição: "Verdadeiramente este homem era Filho de Deus!" (Mc 15,39).

O Evangelho segundo Mateus, por sua vez, aparece em primeiro lugar na lista dos Evangelhos Canônicos. Entre os vários motivos que levaram a isso, explicam os estudiosos, está o fato de que esse texto já aparecia em primeiro lugar nos antigos manuscritos bíblicos e também pelo sentimento de grande estima que tinha pelo texto a Igreja primitiva, "que recorria a ele para conhecer os ensinamentos de Jesus" (Monasterio, 2012b, p. 210).

De fato, a obra de Mateus, com característica particularmente doutrinal, é uma catequese à Igreja de seu tempo. Ela traz textos de apreço singular para os cristãos, como é o caso do *Sermão da montanha*, que tem início com a passagem sobre as bem-aventuranças. O Evangelho de Mateus é o único dos sinóticos que menciona – duas vezes – a palavra grega *ekklêsia*, que significa "igreja". Ele é, portanto, um **evangelho eclesiológico e cristológico.**

A obra de Mateus ensina sobre o Reino de Deus e como devem se comportar os discípulos de Jesus, proclamadores e continuadores desse Reino. Os temas *justiça* e *juízo final* ocupam lugar especial na obra e, na cena do julgamento, ápice da realização da justiça de Deus no meio da comunidade, há a identificação de Jesus, verdadeiro Messias, com todos os excluídos: quando a Igreja dá de comer aos pobres, de beber aos que têm sede, visita os doentes, lembra-se dos presos e acolhe os estrangeiros, é ao próprio Jesus Cristo que ela os faz.

2.1.1 Fontes dos textos de Marcos e de Mateus

Marcos, como o primeiro autor a compor uma obra ordenada que descreve o ministério de Jesus, tem a sua disposição um variado material transmitido e conservado pela comunidade primitiva: os apóstolos e os discípulos de Jesus. Esse material consiste em sentenças de Jesus, parábolas, relatos de várias curas (milagres), controvérsias e, certamente, uma narrativa da Paixão. Pode ser que algumas dessas tradições já estivessem agrupadas quando chegaram às mãos do evangelista. Seria esse o caso, por exemplo, das controvérsias (Mc 2,1; 3,6), das parábolas da semente (Mc 4,1-34) e dos milagres (Mc 4,35; 5,43). Segundo Daniel J. Harrington (2011, p. 66), "Marcos deu uma sequência e um enredo a esses ditos e incidentes, ligando-os com passagens que servem de ponte, e acrescentou comentários parentéticos para seus leitores".

Em relação ao texto de Mateus – considerado o autor do primeiro evangelho na lista dos canônicos –, percebemos que o trabalho redacional ao qual ele se dedicou foi de intensa reelaboração das fontes às quais teve acesso.

Do ponto de vista literário, a obra de Mateus é fundamentalmente uma síntese de dois materiais anteriores: o Evangelho segundo Marcos e a fonte Quelle (Q). O texto de Marcos é, então, o marco referencial para toda a obra de Mateus, o que faz dela, também, um livro narrativo. O autor ainda incluiu em seu texto o material discursivo da fonte Q e acrescentou dados de uma fonte exclusiva, designada *M*, à qual apenas ele teve acesso. Mateus teve liberdade para alterar a ordem do material de Marcos – apesar de usá-lo como base –, de acordo com sua proposta de caráter temático e, por isso, seu evangelho é considerado um trabalho de reelaboração.

2.1.2 Formas literárias nos textos de Marcos e de Mateus

O Evangelho segundo Marcos é o mais curto dos sinóticos, composto por apenas 16 capítulos (Mc 1,1-16,8), acompanhados de um apêndice (Mc 16,9-20), acrescentado posteriormente, que muitos dos estudiosos datam no ano 150 (Carmona, 2012a, p. 97). O texto foi escrito originalmente na língua grega, mas não o grego clássico, dos letrados de seu tempo, mas o grego popular, chamado *koiné*.

Um dos critérios do autor foi seguir uma sequência cronológica em sua obra, iniciada no batismo e concluída na ressurreição de Jesus. No entanto, Marcos não é um autor considerado cuidadoso com seu vocabulário. Ele "abusa de certas palavras que, por serem empregadas com demasiada frequência, perdem sua força" (Auneau, 1985, p. 75), por exemplo, as expressões *e logo*, que só no primeiro capítulo aparece 11 vezes no texto, e *de novo*, que aparece 28 vezes em sua narrativa (Auneau, 1985).

Ele também atribui sentidos diferentes para a mesma palavra, por exemplo, quando se refere ao chamado de Jesus (Mc 3,13.23; 6,7; 7,14; 8,1.34; 10,42; 12,43; 15,44), ele repete constantemente outras palavras e expressões, como: *impuro* (11 vezes); *ensinamento* (5 vezes); *olhar em volta* (6 vezes). Marcos utiliza ainda diversos diminutivos: "filhinha" (Mc 5,23; 7,21); "cachorrinhos" (Mc 7,27); "pequena" (Mc 5,41.42; 6,22.28); "peixinhos" (Mc 8,7). No estilo, as frases de Marcos apresentam verbo com gerúndio: "pregando" (Mc 1,39); "dando gritos e ferindo-se com pedra" (Mc 5,5).

O autor parece gostar de empregar o presente histórico em sua obra, pois ele o faz 151 vezes e usa conjunções, em várias passagens, para fazer ligação em suas frases – por exemplo, *kai*, que é a conjunção "e", aparece nove vezes numa única perícope (Mc 10,33-34) no texto grego.

Na tradução da Bíblia de Jerusalém (Bíblia, 2002), a conjunção aparece seis vezes nestes mesmos versículos.

O texto também conta com semitismos, como as palavras aramaicas que são explicadas pelo narrador: "Boanerges" (Mc 3,17), "*Talitha Kum*" (Mc 5,41), "*Effatha*" (Mc 7,34), "*Abba*" (Mc 14,36), "*Eloi, Eloi, lemá sabachtháni*" (Mc 15,34); e com palavras latinas transcritas para o grego: *Legião* (Mc 5,9.15), *denário* (Mc 12,15) e *denários* (Mc 6,37; 14,5), *flagelar* (Mc 15,15) e *centurião* (Mc 15,39.44.45). Tais informações podem ser mais bem percebidas numa leitura completa do Evangelho segundo Marcos.

Uma característica interessante desse evangelho é a construção do texto por meio de agrupamentos. O autor estrutura sua obra em pequenas cenas ou passagens sucessivas, que são unidas num conjunto por meio de pequenas palavras ou expressões – como *e, e em seguida, e entrou, e saiu* – que servem para mudar uma cena ou inserir novos personagens ou assuntos, que vão formar todo o conjunto da obra.

Outras maneiras que Marcos usa para unir sua narrativa são:

- **Sumários** – São usados pelo narrador para unir sua obra. Eles tanto podem anunciar o que apresentará a sequência narrativa – o chamado *sumário-anúncio* – quanto ter a finalidade de concluí-la (Mc 1,32-34.39; 4,33-34), ou mesmo informar as consequências do que acabou de ser narrado (Mc 1,28), denominado *sumário geral*.
- **Coros** – São facilmente identificáveis e apresentam as reações de quem presencia as obras de Jesus (Mc 1,27; 2,12b; 7,37).
- **Reações** – Têm a mesma função do coro e servem para concluir uma perícope. Contudo, sugerem um desenvolvimento maior, por exemplo, a reação dos fariseus e dos herodianos quando Jesus, por meio de uma cura, interpela a compreensão que eles têm do sábado (Mc 3,6), ou na visita de Jesus a Nazaré (Mc 6,1-6a).
- **Anúncios** – Referem-se aos anúncios da Paixão (Mc 8,31; 9,30-32; 10,32-34).

- **Agrupamentos de cenas** – Dividem-se por cronologia: um dia em Cafarnaum (Mc 1,21-38); e por topografia: o deserto e o Rio Jordão (Mc 1,2-13).

- **Agrupamento geográfico** – Define um sentido maior na obra de Marcos, cuja geografia pode ser dividida em dois grandes blocos: Galileia (Mc 1,14-9,50) e Jerusalém (Mc 11-16).

O evangelho chama a atenção, ainda, pela criatividade do autor, que dá vivacidade a seus relatos descrevendo detalhes de uma situação, como no caso da perícope da *Cura da hemorroíssa e ressurreição da filha de Jairo* (Mc 5,21-43): "a menina se levantou, e andava, pois já tinha doze anos" (Mc 5,42); ou na passagem da *Cura de um paralítico*, que descreve quantos homens transportavam seu leito e abriram o teto para facilitar sua entrada, impedida pela quantidade de pessoas que se encontravam no local (Mc 2,1-12); e na cena da *Vocação de Levi*, que estava "sentado na coletoria" (Mc 2,14).

No que diz respeito ao Evangelho segundo Mateus, considerado o mais judaico dentre os textos evangélicos, precisamos observar como o narrador utiliza variados recursos de estilo semita na construção de seu texto. Saber um pouco sobre esses estilos ajuda-nos a captar melhor o sentido desse evangelho. A seguir, apresentamos uma explanação sobre esses recursos, visto ser uma informação importante para a compreensão da obra, com base nas análises de Jean Radermakers (1985, p. 153-154) e Rafael Aguirre Monasterio (2012b, p. 188-195).

- **Inclusões** – Trata-se de palavras ou expressões que aparecem no início e no final de um bloco narrativo, com a finalidade de orientar o leitor a respeito do conteúdo da obra. Por exemplo: no início do evangelho, Jesus é apresentado com o título de "Emanuel" (Mt 1,23) e, no final, no último capítulo da obra, o Jesus ressuscitado garante sua presença junto aos discípulos "todos os dias, até a consumação dos séculos" (Mt 28.20). As inclusões podem aparecer também no meio da obra, indicando o conteúdo. Outra forma de usar as inclusões é repeti-las no começo e no fim de determinada perícope.

- **Paralelismos** – Compreende estrofes paralelas e pode ser antitético, como num trecho da perícope *Os verdadeiros discípulos* (Mt 7,24-27), em que as estrofes paralelas têm conclusões diferentes; ou circular, chamado *quiasmo*, como no trecho da passagem *Condições para seguir Jesus* (Mt 16,25).
- **Repetições de palavras** – São repetições de palavras-chave dos temas centrais do texto. Por exemplo, a palavra *justiça* aparece cinco vezes entre Mt 5-7, e *juízo*, sete vezes no trecho Mt 11,20-Mt 12,45. Das palavras mais usadas por Mateus, muitas estão relacionadas ao tema da eclesiologia: *Igreja* (3 vezes), *irmão* (39 vezes); da cristologia: *Cristo* (16 vezes), *Filho de Davi* (10 vezes); da escatologia: *dia do juízo* (4 vezes), *recompensa* (10 vezes), *juízo*, (12 vezes), *parúsia*[1] (4 vezes); e da ética: *justo* (17 vezes), *mau* (26 vezes) *justiça* (7 vezes), *fazer a vontade do Pai* (3 vezes).
- **Versículos e textos centrais** – Servem para destacar a importância de determinados temas na narrativa. Tratando-se de versículos, são exemplos Mt 5,17.20.48; 6,1. No caso de textos, podem ter grande importância no lugar que ocupam na narrativa, como a perícope sobre *O cumprimento da lei* (Mt 5,17-20).
- **Agrupamentos numéricos** – São utilizados para organizar a narrativa por meio do agrupamento de elementos em séries numéricas. Mateus tem apreço pelo número três: sua genealogia apresenta três grupos (Mt 1,12-17) e sua obra contém três aparições de anjos (Mt 1,18-2,23), três tentações (Mt 4,1-11), três orações (Mt 26,39-44), entre outros exemplos. O número sete, igualmente, tem relevância: as sete petições do Pai-nosso (Mt 6,9-13), as sete maldições (Mt 23,13-32), perdoar setenta e sete vezes (Mt 18,22). Também

---

1 *Parúsia* ou *parusia* é uma palavra que vem do grego *parousia* e é usada para indicar, designar ou mencionar a segunda vinda de Jesus Cristo.

vale ressaltar o emprego que o evangelista faz do número 2: dois cegos (Mt 9,27; 20,30), dois endemoninhados (Mt 8,28), dois falsos testemunhos (Mt 26,60).

- **Significado teológico dos números** – Refere-se ao método rabínico que atribui aos números um valor simbólico, o que lhes confere sentido teológico, muito importante no texto de Mateus. Dessa maneira, o número 1 faz referência a Deus – único (Mt 18,5; 19,6.17); o número 2 tem relação com o ser que exprime dualidade (Mt 8,28; 9,27) ou a exigência que valida um testemunho (Mt 20,30; 8,18-22); o 3 representa a criação do homem – corpo, alma, espírito – e sua natureza permanente (Mt 1,17; 6,1-18; 20,22.23); o 4 é um número que representa o Universo e se estende aos quatro pontos cardeais – parúsia (Mt 24,3.27.37.39); o 5 simboliza a atuação divina – cinco discursos e cinco curas de enfermidades (Mt 4,24) –; o número 6 revela uma falta; o 7 faz referência à história humana baseada no número de dias da criação e equivale também para o mundo pagão – sete pedidos na oração do Pai-nosso (Mt 6,9-13), sete pães e sete cestos –; o 8 manifesta a plenitude – oito bem-aventuranças –; o número 10 indica a ação humana – 10 vezes "vosso pai" entre os capítulos 5 e 7 e o relato da *Parábola das dez virgens* (Mt 25,1-13); e o 12 é o símbolo da comunidade e reflete as doze tribos de Israel – não é por acaso que Israel é mencionado 12 vezes no Evangelho segundo Mateus, bem como as palavras *julgamento* e *ensinando*, além da imagem dos 12 cestos (Mt 14,20).
- **Antecipações** – Fortalecem tanto a unidade da obra quanto sua continuação. São encontradas de forma particular nos primeiros capítulos do evangelho. Neles, o narrador antecipa o destino de Israel (Mt 2,1-12): Herodes, rei judeu, não busca, como os magos, acolher o menino pelo qual eles procuram, mas matá-lo, interpretando-o como ameaça ao seu reinado. Quem vem visitar o Senhor são estrangeiros, pagãos. Assim, o evangelho alude à universalidade da salvação.

- *Midrash* – Encontra-se na narrativa sobre a infância de Jesus e relaciona-se ao Livro do Êxodo, no qual é apresentada a história de Moisés menino, que correu risco de vida no massacre autorizado pelo faraó egípcio (Ex 2) e, mais tarde, tornou-se o salvador de seu povo. Mateus aproveita-se desse *midrash* para explicar a identidade de Jesus com a ajuda das Sagradas Escrituras. Com esse mesmo recurso, o evangelista designa Jesus como *Emanuel* (Mt 1,23), em conformidade com o Livro de Isaías (Is 7,14); *pastor* (Mt 2,6), em paralelo ao 2º Livro de Samuel (2Sm 5,2); e *Filho de Deus* (Mt 2,15), conforme o Livro de Oseias (Os 11,1).

- **Técnica numérica** – Atribui um valor numérico a determinada letra, dando a ela ou a uma palavra valor teológico. Mateus apresenta na sequência da genealogia de Jesus três vezes catorze gerações (Mt 1,17). O número 14 corresponde à soma das letras do nome *Davi*, no hebraico: D = 4, W = 6, D = 4 (DWD). Dessa maneira, Jesus é a concretização da promessa davídica, como também é mais importante do que Davi. Ele é três vezes 14 gerações, três vezes Davi (Radermakers, 1985).

- **Discursos** – Ocorrem quando o interesse doutrinal do autor é revelado geralmente por meio de um personagem, o qual o narrador faz dissertar. Ao todo são cinco discursos que delimitam o texto de Mateus, facilmente identificados pela forma como o autor conclui cada um deles, como "Aconteceu que ao terminar Jesus essas palavras" (Mt 7,28), ou de outras formas semelhantes (Mt 11,1; 13,53; 19,1; 26,1). De acordo com Monasterio (2012b, p. 192), "Essa frase além da função de conclusão do discurso, tem a função de transição à narração seguinte". Esta é uma importante informação literária a respeito da obra de Mateus: o uso do discurso narrativo. Cada um dos discursos do evangelho tem uma função dentro da narrativa "eclesial". Resumidamente, referem-se aos assuntos explanados a seguir.

O primeiro discurso apresentado por Mateus é chamado de *O Sermão da montanha* (Mt 5-7). Ele é destinado às multidões reunidas em torno de Jesus, mas principalmente a seus discípulos: "aproximaram-se dele os seus discípulos" (Mt 5,1). Nesse discurso aparece diversas vezes uma palavra-chave do evangelho: *justiça* (Mt 5,6.10.20; 6,1.33). No conteúdo do *Sermão da montanha*, o autor desenvolve várias instruções: o tema da justiça do Reino, radicalizada nas formas de relação humana de fraternidade; o cumprimento da lei de Deus, que não deve ser substituída, mas levada a sua plenitude; a instrução sobre as práticas tradicionais judaicas de esmola, oração e jejum; e orientações de cunho catequético com a finalidade de levar a comunidade a um estilo de vida fraterna – aberta à misericórdia – e a um real discernimento para a vida prática dos cristãos. Desse modo, o *Sermão da montanha* é um discurso pastoral (Radermakers, 1985).

O segundo discurso é encontrado no capítulo 10 e se chama *Discurso apostólico*. Ele é referente, como já indica o título, à missão dos discípulos. O texto traz recomendações sobre a missão dos apóstolos, carregado de exortações e obviedades. Cabe aos discípulos dar continuidade à obra do Cristo: proclamar o Reino, curar doentes, expulsar demônios. Mas o discipulado vai além da continuidade da obra e do ministério, pois inclui igualmente a participação na sorte de Jesus (Mt 10,17-25): estar pronto para segui-lo é estar pronto para entregar a própria vida pelo Reino (Radermakers, 1985).

O terceiro discurso é o *Discurso das parábolas* (Mt 13). O gênero literário empregado nele é encontrado com frequência em textos bíblicos, como no Livro da Sabedoria e nos livros históricos e proféticos. Esse bloco literário apresenta sete parábolas: do semeador, do joio, do grão de mostarda, do fermento, do tesouro, da pérola e da rede. A finalidade do discurso é iniciar os ouvintes na compreensão do mistério do Reino de Deus, conduzindo-os a um crescimento que os faça discípulos.

Por isso, o texto é apresentado de forma progressiva, promovendo o crescimento daqueles que o escutam.

O capítulo 18 do Evangelho segundo Mateus apresenta o quarto discurso do Evangelho, com o título de *Discurso sobre a Igreja*. Nele, é apresentada a maneira como deve viver a comunidade que aceita o Reino dos Céus. A atenção do autor se volta, nesse discurso, às divisões internas que existem em sua comunidade, à questão do pecado e à situação dos irmãos fracos. A solução para os problemas da comunidade deve estar de acordo com a ação misericordiosa de Deus, e cada discípulo deve identificar-se com essa atitude. As palavras *criança* e *pequenos* sobressaem-se no discurso que "trata do acolhimento pastoral dos humildes" (Radermakers, 1985, p. 159).

O quinto e último discurso ocupa dois capítulos do evangelho. É o chamado *Discurso escatológico* (Mt 24-25). Ele "oferece uma perspectiva definitiva sobre o compromisso dos cristãos com o que Mateus chama de 'parusia', isto é, o último evento do Filho do Homem na história humana" (Radermakers, 1985, p. 160-161). As seis parábolas nele encontradas estão estreitamente relacionadas à prática cristã diante da expectativa da parúsia e da plenitude do Reino de Deus (Mt 25,31-36). A Igreja mateana atualiza a maneira de esperar pela segunda vinda de Cristo: é uma situação em que todas as ações humanas assumem uma esperança manifestada na práxis da vida cotidiana no tempo em que ela se dá, ou seja, no presente.

2.1.3 Geografia nos textos de Marcos e de Mateus

No material desenvolvido por Marcos, o espaço em que Jesus vive e o qual ele percorre é este: Galileia, Judeia e Jerusalém. Isso se deve ao fato de que a geografia está a serviço da teologia do evangelista.

O autor apresenta a maior parte da vida pública de Jesus não no centro religioso judaico, Jerusalém, mas na periferia. É na Galileia que Jesus inicia seu ministério e ensina, cura, expulsa demônios, faz o primeiro e o segundo anúncios da Paixão, é transfigurado, entre outros eventos. Numa obra composta por 16 capítulos, é somente no décimo que Jesus se dirige à Judeia: "Partindo dali, ele foi para o território da Judeia e além do Jordão, e outra vez as multidões se reuniram em torno dEle, E, como de costume, de novo as ensinava [sic]" (Mc 10,1).

Para o caminho até Jerusalém, o autor dedica menos de um capítulo: "Estavam no caminho, subindo para Jerusalém. Jesus ia à frente deles" (Mc 10,32). Nesse caminho, Marcos narra o último anúncio da Paixão, o pedido dos filhos de Zebedeu, o ensinamento sobre quem deseja ser o maior e a cura do cego de Jericó.

O capítulo 11 traz a notícia da chegada de Jesus a Jerusalém e o episódio do forte conflito entre ele e os dirigentes do judaísmo no Templo, lugar que Jesus passa a frequentar por um curto período de tempo e do qual prenuncia a destruição. Ainda em Jerusalém, ele é questionado pelos grupos dos fariseus, dos herodianos, dos saduceus e dos escribas e, no capítulo 14, inicia-se o processo da Paixão, da morte e da ressurreição de Cristo.

Esse esquema geográfico tem muito a dizer sobre Jesus, quando revela a grandeza de sua atuação num território periférico ao poder. Ele vem de uma pequena aldeia chamada *Nazaré*, localizada na Galileia – uma região mal vista pelo sistema do Templo, de onde não poderia, jamais, surgir o Messias.

A narrativa de Mateus segue o esquema geográfico de Marcos: Galileia, Judeia e Jerusalém. Mas há algumas dúvidas sobre os pontos exatos onde começa o ministério de Jesus na Galileia (Mt 4,12 ou Mt 4,17) e sua viagem a Jerusalém – a maioria dos estudiosos a situa em Mt 19,1, mas alguns a colocam em Mt 16,13 ou em Mt 16,21 (Monasterio, 2012b).

Seja como for, a sequência geográfica da obra é a mesma proposta por Marcos, como mencionamos anteriormente. E, assim como no Evangelho segundo Marcos, na conclusão do texto de Mateus, os discípulos dirigem-se à Galileia, lugar onde tudo começou (Mt 28,7.16).

O Evangelho segundo Mateus traz ainda a narrativa do nascimento e da infância de Jesus, que segue o seguinte esquema geográfico: Belém (Mt 2,6), Egito (Mt 2,15), Nazaré (Mt 2,23) e Galileia dos gentios (Mt 4,15-16).

O que o autor pretende com isso é expressar, obviamente, uma teologia correspondente. Belém é lugar de origem do rei Davi e onde deveria nascer o Messias, segundo a profecia de Miqueias retomada por Mateus: "**E tu, Belém**, terra de Judá, **de modo algum és o menor entre os clãs de Judá, pois de ti sairá um chefe que apascentará Israel, o meu povo**" (Mt 2,6, grifo do original).

Para falar da origem de Jesus, o autor ainda utiliza as tradições sobre a procedência de Moisés e do povo de Israel: Jesus é perseguido ainda criança, como Moisés, e, igualmente, tirado do Egito. Assim como Israel enfrenta tentações no deserto, Jesus foi levado ao deserto, onde venceu as tentações. A última localidade que aparece nessa seção é Galileia (Mt 4,15-16), pois o evangelho caminha para o cumprimento do projeto de Deus: a evangelização dos gentios.

2.1.4 Estrutura dos textos de Marcos e de Mateus

Os evangelhos, como narrativas, foram construídos como unidades bem organizadas por seus redatores. Sua estrutura geral, além de apontar para a intenção teológica dos textos, auxilia na compreensão de seu desenvolvimento literário.

Vejamos como pode ser dividida a estrutura das obras de Marcos e de Mateus.

Estrutura geral da obra de Marcos

1. Introdução (1,1-13)
   - A tese de Marcos: O Evangelho é Jesus, Messias, Filho de Deus (Mc 1,1).
   - Introdução do Evangelho composta por três cenas (Mc 1,2-13).
2. Primeira parte do Evangelho: o Evangelho é Jesus, Messias que proclama o Reino de Deus (Mc 1,14; 8,30)
   - 1ª seção: atuação de Jesus e resposta dos fariseus (Mc 1, 14-3,6).
   - 2ª seção: atuação de Jesus e resposta do povo (Mc 3,7-6,6).
   - 3ª seção: atuação de Jesus e resposta dos discípulos (Mc 6,6-8,30).
3. Segunda parte do Evangelho: o Evangelho é Jesus, o Filho de Deus que morre e ressuscita (Mc 8,31-16,8)
   - 1ª seção: caminhando pela Galileia e Judeia, Jesus se dirige a Jerusalém anunciando sua morte e ressurreição (Mc 8, 31-10,52).
   - 2ª seção: atividade de Jesus em Jerusalém antes da paixão (Mc 11-13).
   - 3ª seção: paixão, morte e proclamação da ressurreição em Jerusalém (Mc 14,1-16,8).

Fonte: Elaborado com base em Carmona, 2012a, p. 105.

Estrutura geral da obra de Mateus

1. Primeira parte: introdução (Mt 1,1-4,42)
    - Genealogia de Jesus; cumprimento da promessa (Mt 1-2).
    - Proclamação de Jesus como Filho de Deus e início do seu ministério (Mt 3-4).
2. Segunda parte: programa e atuação de Jesus (Mt 4,23-9,35)
    - Jesus ensina o Reino e o coloca em ação curando doenças e enfermidades do povo (Mt 4,23-25).
    - Apresentação do Reino dos Céus no *Sermão da montanha* (Mt 5-7).
    - Apresentação das obras do Reino, que é libertador (Mt 8-9).
3. Terceira parte: a atividade dos discípulos continuadores das obras de Jesus e as respostas ante seu ministério (Mt 9,36-12,50)
    - A atividade dos discípulos está em sintonia com a obra de Jesus, eles são continuadores de sua obra (Mt 9,36-10).
    - A reação que o ministério de Jesus e dos discípulos encontra é a oposição, que vem, sobretudo, dos fariseus e dos escribas. Enquanto o judaísmo se fecha, o texto mostra a abertura dos pagãos. Embora a oposição seja explícita, começa a configurar-se o grupo dos discípulos que cumprem a vontade de Deus (Mt 11-12).
4. Quarta parte: Jesus se dirige mais aos discípulos (Mt 13,1-17,27)
    - As parábolas apresentam a natureza do Reino dos céus (Mt 13).
    - O conflito e a oposição a Jesus aumentam e o ministério de Cristo é dirigido cada vez mais aos discípulos. Pedro tem

papel relevante nos textos. Aparece a cristologia, que, necessariamente, passa pela cruz. Jesus é o Filho amado. Também os discípulos não entendem e desprezam a cruz (Mt 14-17).

5. Quinta parte: A ruptura com o judaísmo (Mt 18,1-22,45)
   - O texto apresenta uma catequese sobre a vida dos discípulos e da Igreja (Mt 18).
   - No caminho de Jerusalém, Jesus se volta completamente ao ensinamento de seus discípulos (Mt 19-20).
   - Após o conflito no Templo, aparece uma série de controvérsias com as autoridades do judaísmo. Os temas centrais são o desprezo de Israel e a advertência direcionada à Igreja (Mt 21-22).

6. Sexta parte: O discurso de despedida, a paixão de Jesus e os relatos pascais (23,1-28,20)
   - O texto apresenta o último discurso de Jesus e a ruptura com o judaísmo. O discurso dirigido à Igreja tem caráter escatológico, exortando-a a perseverar nos tempos difíceis, e prepara a parúsia do Senhor (Mt 23-25).
   - O Evangelho conclui os discursos de Jesus, mas na sequência apresenta algumas palavras de Jesus que anunciam a crucificação. Tem início o relato da paixão, morte e ressurreição de Jesus, trama central do texto (Mt 26-27).
   - A conclusão e o ápice de toda a obra de Mateus. Este capítulo contém a chave para o entendimento de todo o Evangelho (Mt 28).

Fonte: Elaborado com base em Monasterio, 2012b, p. 196-206.

2.2 Informações sobre os autores, os locais e a datação das obras

O Evangelho segundo Marcos surgiu, a exemplo de muitos dos livros bíblicos, como uma obra anônima. Uma antiga tradição da época patrística atribui essa obra a João Marcos, que não faz parte do círculo apostólico. O autor é um judeu convertido (Marconcini, 2009), cujo primeiro nome é semítico – *João* – acompanhado de um sobrenome romano – *Marcos*. Este é geralmente identificado como parente de Barnabé – citado no livro dos Atos dos Apóstolos –, filho de uma mulher chamada Maria e companheiro de viagem de Paulo (At 12,12.25; 15,37.39), lembrado também nas cartas paulinas (Fm 24; Cl 4,10; 2Tim 4,11). Outro texto sugere, além disso, uma aproximação do autor com a pessoa de Pedro, conforme a primeira epístola desse apóstolo (1Pd 5,13).

A afirmação mais antiga sobre Marcos como autor do Evangelho é datada do século II, por Pápias de Hierápolis, citado na obra de Eusébio de Cesareia, *História eclesiástica* (Harrington, 2011, p. 65).

Algo curioso é a relação que se faz entre Marcos e o jovem envolvido num lençol, que foge nu, relatado em seu evangelho. Por se tratar de uma passagem exclusiva do Evangelho segundo Marcos, há quem pergunte se o narrador não está relatando sobre ele mesmo no texto: "Um jovem o seguia, e sua roupa era só um lençol enrolado no corpo. E foram agarrá-lo. Ele, porém, deixando o lençol, fugiu nu" (Mc 14,51-52). Porém, há exegetas que alegam que o fato de apenas Marcos narrar esse episódio não dá motivo que possibilite a identificação dele com o jovem (Carmona, 2012a).

Ao considerarmos a importância do material narrativo e a certeza de se atestar como autor alguém relacionado aos apóstolos Pedro e Paulo, poucos motivos existem para questionarmos que a autoria da obra não seja de João Marcos. Afinal, uma comunidade interessada nas memórias da vida de Jesus certamente deveria ser formada, a princípio, por convertidos da Palestina, ou seja, por judeu-cristãos próximos do meio apostólico.

Para a datação do texto, é sugerido um período próximo ao ano 70 d.C. ou entre 65-70 d.C., segundo acredita a maioria dos comentaristas do Evangelho segundo Marcos. A data provável é anterior à destruição do Templo de Jerusalém, embora esteja no contexto da guerra judaica, o que explicaria o texto do capítulo 13 do evangelho, que apresenta um discurso escatológico. Fato é que o momento em questão é referente a um período delicado, pois temas sobre perseguição aparecem com frequência no texto (Mc 8,34.38; 10,30.33.45; 13,8.10), indicando um momento que deve ter gerado incertezas na comunidade, tanto sobre a pessoa de Jesus quanto no modo de segui-lo.

Quanto ao lugar de redação da narrativa, possivelmente, trata-se de um local fora da Palestina. Roma é uma região bem aceita para a composição do texto, ambiente que na época tinha um forte clima de insegurança e perseguição. Para essa escolha se levam em consideração as explicações que a obra traz a respeito de termos judaicos e aramaicos, bem como o esclarecimento de costumes ou a menção da equivalência da moeda romana para a moeda judaica, entre outras características.

Com relação ao Evangelho segundo Mateus, assim como os outros sinóticos, ele surgiu como obra anônima. Contudo, a antiga tradição atribui o primeiro evangelho da lista dos canônicos a Mateus, um dos apóstolos, de nome hebraico *Matatias*. Essa atribuição concedeu à obra grande prestígio (Viviano, 2011). Trata-se do mesmo Levi, filho de Alfeu, como mencionam os outros dois sinóticos: "Depois disso, saiu, viu um publicano, chamado Levi, sentado na coletoria de impostos" (Lc 5,27) e "Ao passar, viu Levi, o filho de Alfeu, sentado na coletoria" (Mc 2,14). Portanto, ele era cobrador de impostos de profissão: "Indo adiante, viu Jesus um homem chamado Mateus, sentado na coletoria de impostos" (Mt 9,9).

Mesmo que não se possa atribuir com certeza a autoria do evangelho ao apóstolo – e um dos motivos para isso é, inclusive, sua tardia datação –, seu autor é certamente uma pessoa concreta, um judeu-cristão muito bem instruído nos métodos dos escribas[2]. E é provável que tenha deixado uma descrição de seu trabalho ao narrar sobre o "escriba que se tornou discípulo do Reino dos Céus [...] que do seu tesouro tira coisas, novas e velhas" (Mt 13,52).

Quanto à datação, ao considerarmos os conflitos de características unitárias e legalistas do judaísmo refletido na obra de Mateus, percebemos um momento posterior ao ano 70 d.C., inclusive pela referência que o texto faz da destruição da cidade de Jerusalém (Mt 22,7), provavelmente, quando os cristãos não podiam mais frequentar as sinagogas. Portanto, é preciso situar a obra depois dos anos 80 d.C., como afirma a maioria dos estudiosos. Entre os lugares citados para a composição da narrativa, alguns citam a Fenícia, outros mencionam Alexandria, mas a opinião da maioria dos autores considera a Antioquia da Síria (Marconcini, 2009).

---

[2] Uma informação interessante, que deve ser mencionada, oferecida pela antiga tradição patrística, é a da existência de uma redação anterior ao Evangelho segundo Mateus de língua grega, à qual não se teve acesso, mas apenas um registro a respeito: Pápias de Hierápolis escreveu, por volta do ano 125, sobre um material contendo ditos de Jesus, cuja autoria seria atribuída ao próprio apóstolo Mateus, escrito em língua aramaica, conforme relata Eusébio de Cesareia, na obra *História eclesiástica* (Viviano, 2011; Brown, 2012). Esse material seria, inclusive, mais antigo que o de Marcos, colocando, assim, o apóstolo Mateus "no início da tradição dos evangelhos" (Viviano, 2011, p. 132).

2.3 Desenvolvimento dos textos de Marcos e de Mateus

No trabalho de elaboração ou de reelaboração dos textos, cada um dos evangelistas partiu de uma teologia própria como pano de fundo para seu trabalho. Por isso, a leitura do conjunto da obra é muito importante. Mesmo que as perícopes isoladas tenham significado em si mesmas, elas estão servindo a uma trama maior, correspondente à mensagem e ao sentido do texto, e até mesmo na questão do lugar que ocupam no Evangelho, como já esclarecido no primeiro capítulo.

Apresentaremos, agora, uma análise sobre o desenvolvimento geral dos Evangelhos segundo Marcos e segundo Mateus com a finalidade de nos aproximarmos desses textos, o que, obviamente, não esgota todo o assunto, nem é essa a nossa intenção. No decorrer da exposição das obras, entretanto, acentuaremos pontos importantes para o entendimento de cada uma.

2.3.1 O Evangelho segundo Marcos

O texto de Marcos é uma narrativa do que Jesus de Nazaré fez e ensinou durante sua vida pública, e não uma biografia dele. O livro discorre sobre o ministério público, a condenação, a Paixão e a morte e conclui com a ressurreição de Cristo. Para isso, o autor utilizou as tradições a que teve acesso e construiu um relato histórico-teológico sobre o nazareno.

O Evangelho segundo Marcos tem início com a apresentação de Jesus como verdadeiro e único Evangelho, Messias, Filho de Deus (Mc 1,1). Chama a atenção que o autor comece seu texto com a palavra *princípio*. Esse é um eco do Livro do Gênesis, que na obra exerce três funções, segundo Myers (1992, p. 160):

1. Sugere que a "narrativa representa uma re-criação fundamental da história da salvação".
2. Insere, desde o começo, um discurso apocalíptico de instauração de "novo céu e nova terra".
3. Tem sentido de um novo começo também no caminho do Evangelho, que, na sua conclusão, convida o cristão a retornar à Galileia, oferecendo um "novo começo para a aventura do discipulado"

Na sequência, o texto apresenta João Batista e seu profetismo, suas mensagens de conversão e de esperança para Israel. Há muito o povo eleito não encontrava mais profetas em seu meio e, por isso, reconhecem como verdadeiro o profetismo de João. Ele, então, é o precursor da Boa Nova da salvação em Jesus de Nazaré, e prepara e anuncia sua vinda (Mc 1,2-1).

O batismo de Jesus é descrito de forma breve. A filiação divina é confirmada na cena em que o céu se rasga e o espírito desce (Mc 1,9-11). "As afirmações de que Jesus foi testado por Satanás (o oponente do Espírito) e de que João Batista foi aprisionado insinuam ao leitor, desde o princípio, que a proclamação que Jesus faz do reino encontrará grandes obstáculos" (Brown, 2012, p. 207-208).

O ministério de Jesus na Galileia é a primeira das duas grandes partes em que Marcos divide sua obra para responder sobre o messianismo de Jesus – Quem é Jesus? – e sua filiação divina, que passa pela morte e pela ressurreição – Como é o messianismo de Jesus?

As primeiras palavras que saíram da boca de Jesus nesse evangelho são: "Cumpriu-se o tempo e o Reino de Deus está próximo. Arrependei-vos e crede no Evangelho" (Mc 1,15). O que veio em seguida foi o chamado dos quatro primeiros discípulos, "como primeiro sinal da presença do Reino" (Carmona, 2012a, p. 109), e que dá ênfase à obra que Cristo pretendia ensinar à comunidade: ser discípula dele. É muito significativo que Jesus "viu" os discípulos (Mc 1,16.19) – assim como "viu Levi" sentado na coletoria – e os chamou ao seu seguimento (Mc 1,17.20.14). A resposta ao discipulado, em ambos os casos, foi imediata: "Ele se levantou e o seguiu" (Mc 2,14).

Jesus veio instaurar o Reino, tempo definitivo do reinado de Deus. Assim, a narrativa descreve os sinais desse reinado nas obras de Jesus: ele liberta o ser humano de todo poder do mal, liberta um endemoninhado (Mc 1,21-28) e cura doenças (Mc 1,29-31). O autor confirma onde é feito o anúncio da chegada do Reino: primeiro é anunciado e ensinado na sinagoga (Mc 1,21.29.39).

A obra traz ainda a passagem sobre a *Cura de um leproso* (Mc 1,40-44). A lepra era uma doença que tinha equivalência à morte, e o leproso era considerado um condenado. Curar um leproso, portanto, era realizar o maior milagre até aquela etapa no Evangelho. E era um dos **sinais** dos tempos messiânicos (Mt 11,4-6; Lc 7,22-23), conforme a profecia de Isaías (Is 26,19; 35,5-6; 42,7; 61,1). Por isso, nessa passagem, aparece a proibição severa de Jesus (Mc 1,44) – referente ao segredo messiânico –, tema sobre o qual discutiremos mais detalhadamente na seção sobre a dimensão teológica de Marcos.

As perguntas sobre quem é Jesus se destacam na obra: "Que é isto?" (Mc 1,27); "Por que está falando assim? Ele blasfema! Quem pode perdoar pecados a não ser Deus?" (Mc 2,7). Percebemos, com isso, que o ensinamento e a obra de Jesus chamavam a atenção de muita gente. O narrador não explica no texto o que Jesus ensina, apenas informa ao leitor o crescimento e a progressão da notícia sobre o ministério de Jesus (Mc 1,28.33.45; 2,2.13).

A dúvida sobre quem é Jesus nessa parte do evangelho vem primeiro dos grupos dirigentes do judaísmo: os escribas e os fariseus (Mc 2,16.18.24). Diante dos milagres realizados por Jesus e sua postura diante da Lei (Mc 2,24-27), todos ficaram admirados (Mc 2,12).

O sábado passa a ser uma boa razão para acusar Jesus. Na teologia apresentada na perícope da *Cura do homem com mão atrofiada* – as palavras de Jesus "Levanta-te e vem aqui para o meio" (Mc 3,3) querem dizer a esse homem que ele pode e deve fazer parte da comunidade, pois, por sua enfermidade, era excluído – Marcos relata que Jesus estava "entristecido pela dureza de coração deles" (Mc 3,5), os fariseus e herodianos. E, se no sábado não era permitido fazer o bem, a hipocrisia desses grupos permitia que conspirassem contra a vida de Jesus de Nazaré (Mc 3,1-6).

Uma multidão seguiu Jesus (Mc 3,7), mas parece não ter sido pelo mesmo motivo que o fizeram seus discípulos (Mc 3,7.10). Nessa etapa, até o capítulo 6, Marcos sublinha a reação do povo diante do ministério de Jesus (Mc 3,7-6,6). A *Instituição dos doze* também é descrita pelo evangelista, assim como a indicação de seu ministério (Mc 3,13-19). Além disso, a narrativa mostra que a reação da família de Jesus foi negativa em relação à aglomeração da multidão que o seguia (Mc 3,20-21).

O capítulo 4 do Evangelho segundo Marcos traz uma série de parábolas sobre o Reino, iniciando com a *Parábola do semeador*. Quase no fim desse capítulo, o autor explica que o motivo pelo qual Jesus ensinava por parábolas era para as multidões entenderem e que, para os discípulos, o ensinamento era diferente (Mc 4,33-34).

No episódio da ressurreição da filha de Jairo, Jesus escolheu Pedro, Tiago e João para acompanhá-lo e solicitou a eles que não dissessem nada sobre o ocorrido, outra evidência do segredo de Marcos (Brown, 2012).

A visita a Nazaré carregou a frustração da incredulidade daqueles que conheciam Jesus, viam seu poder, mas não tinham fé: "De onde lhe vem tudo isto? E que sabedoria é esta que lhe foi dada? E como se fazem tais milagres por suas mãos?" (Mc 6,1-2).

Os textos que se seguem (Mc 6,6b-8,30) "centralizam-se nas respostas dos discípulos diante da revelação de Jesus" (Carmona, 2012a, p. 110). Esse bloco tem início com a passagem *Missão dos doze*. A autoridade conferida aos discípulos reflete a importância deles e de sua missão como extensão do ministério de Jesus. Nas palavras e na atitude de Herodes a respeito de João Batista, apresentadas no texto, está a advertência de qual será o destino de Jesus e dos continuadores da sua obra salvadora (Mc 6,14-29).

O relato da *Primeira multiplicação dos pães* sublinha o sentimento de Jesus pelo povo: "ficou tomado de compaixão por eles, pois **estavam como ovelhas sem pastor**" (Mc 6,34, grifo do original). Jesus, em sua pessoa e atitude, ensina sobre como se sente e como se comporta o verdadeiro pastor diante das ovelhas: sente compaixão por elas. Em outras palavras, a situação daquele povo perdido desperta em Jesus a compaixão. O ensinamento aos discípulos é o do **bom pastor**, que alimenta suas ovelhas com suas palavras – ensinamentos – e com o pão. Esse relato está centrado nos doze apóstolos, pois Jesus sacia a fome da multidão, mas os envolve: "Dai-lhes vós mesmo de comer" (Mc 6,37). A conclusão da passagem relata que sobraram ainda doze cestos cheios de pão e peixes. Como vimos anteriormente, o número doze tem sentido teológico e se refere às doze tribos de Israel, ao povo eleito, a quem é dirigida a salvação por meio de Jesus. Contudo, destacamos, nessa ocasião, que ele foi incompreendido pelos discípulos (Mc 6,51-52).

No capítulo 7, encontramos perícope da *Cura da filha de uma siro-fenícia* (Mc 7,24-30), a qual sublinha, mais do que o relato do milagre em si, o diálogo entre Jesus e uma mulher que não fazia parte do povo judeu. A resposta da mulher enquanto criticava a consciência exclusivista judaica para o projeto salvador de Deus provocou Jesus, que acabou comovido por sua fé. Além da colocação que a mulher siro-fenícia fez sobre as "migalhas", ela reconheceu Jesus como "Senhor" (Mc 7,28) e, em sua resposta, "mostra como pode haver lugar para não judeus no plano de Deus. Os leitores gentílico-cristãos de Marcos entenderiam este relato como uma explicação da sua presença no povo de Deus" (Harrington, 2011, p. 97).

A *Cura de um surdo-gago* (Mc 7,31-37) é mais um dos milagres citados na profecia de Isaías sobre os tempos messiânicos. E, após sua realização, igualmente, "Jesus os proibiu de contar o que acontecera" (Mc 7,36). A perícope seguinte relata uma *Segunda multiplicação dos pães* que, entre as diferenças e as semelhanças com o relato da primeira, reflete a incompreensão dos discípulos (Mc 8,17-20).

Outra passagem é a *Cura de um cego de Betsaida*, que se trata de um relato com função simbólica, uma catequese do discipulado que se faz num caminho progressivo em Marcos: o cego, ainda que "tomado pela mão", tinha dificuldade em ver, e foi preciso que Jesus colocasse "novamente as mãos sobre os olhos" dele para que ele visse "tudo nitidamente e de longe" (Mc 8,23-25).

Então, um tema que é central no Evangelho segundo Marcos é apresentado – a *Profissão de fé de Pedro* – diante da pergunta que norteou toda a primeira parte da obra de Marcos (Mc 8,27-30). Pedro representa nessa passagem todos os discípulos e todas as discípulas que, depois de um processo de caminhada com Jesus, o reconhecem como **o Cristo**, o enviado de Deus. Agora, é possível responder à segunda pergunta sobre qual tipo de messianismo cabe a Jesus. Por isso, imediatamente após a confissão de Pedro, o narrador relata o *Primeiro anúncio da Paixão*, segundo o qual "O Filho do Homem deve sofrer muito, ser rejeitado [...], ser morto e, depois de três dias ressuscitar" (Mc 8,31).

O texto continua com as instruções sobre o seguimento de Jesus e a experiência da transfiguração vivida pelo pequeno círculo de três discípulos: Pedro, Tiago e João. A transfiguração é a confirmação de Deus ao caminho de Jesus: "*Este é o meu Filho amado; ouvi-O*" (Mc 9,7, grifo do original).

No *Segundo anúncio da Paixão*, pronunciado na Galileia, o autor assinala a incompreensão dos discípulos quanto ao tipo de messianismo de

Jesus (Mc 9,30-32), e o relato segue confirmando a dimensão do Reino, no qual é maior quem se faz como os pequenos e quem faz aos pequenos (Mc 9,33-37). E, descrevendo o caminho do discipulado, os que se colocam a serviço de Jesus não devem escandalizar os pequenos (Mc 9,42). Dessa forma, os discípulos são aqueles que se colocam no "caminho" (Mc 10,17) da partilha e da aceitação da pobreza (Mc 10,17-27). Essas são exigências feitas àqueles que tomam o caminho do discipulado de Cristo, confirmada na perícope da *Recompensa prometida pelo desprendimento* (Mc 10,28-31). Nessa passagem, é dada relevância à liberdade da acolhida do seguimento a Jesus e ao desapego em contraste com aquele – o homem rico – que renunciou a seguir Jesus por causa da dificuldade em desprender-se de sua riqueza.

Mais adiante, estando Jesus e seus discípulos a caminho de Jerusalém, Marcos relata o *Terceiro anúncio da Paixão* (Mc 10,32-34): "Jesus ia à frente deles" – ou seja, ele era o Mestre, ia à frente de seus discípulos para que estes soubessem qual caminho percorrer.

Na sequência, captamos facilmente como o evangelista descreve de maneira dramática a aproximação do grupo a Jerusalém (Mc 10,32) e podemos observar que o terceiro anúncio é dirigido especialmente aos doze. Jesus, no primeiro anúncio, já havia mencionado a rejeição que sofreria por parte dos anciãos, dos chefes dos sacerdotes e dos escribas (Mc 8,31), e, no terceiro, falou de sua condenação e de sua morte por parte dos mesmos grupos (Mc 10,33-34).

Após o pedido dos irmãos Tiago e João, fica a certeza de que os discípulos ainda estavam esperando um Messias régio, e Jesus lhes propõe um desafio: "Não sabeis o que estais pedindo. Podeis beber o cálice que Eu vou beber e ser batizados com o batismo com que serei batizado?" (Mc 10,38). Essa pergunta é "simbolicamente um convite ao sofrimento" (Brown, 2012, p. 224), pois o Reino de Jesus é serviço, inclusive de oferta da própria vida, "Pois o Filho do Homem não veio para ser servido, mas para servir e dar sua vida em resgate por muitos" (Mc 10,45).

A última cura relatada antes da entrada em Jerusalém é a do cego que "estava sentado à beira do caminho, mendigando" (Mc 10,46). O homem, que reconheceu o messianismo de Jesus, admitiu sua cegueira e pediu a graça de recuperar a visão. Atendido, ele seguiu Jesus pelo caminho. "É um convite aos discípulos a imitá-lo para poderem acompanhar Jesus no caminho que fazia para Jerusalém" (Carmona, 2012a, p. 112). Em outras palavras, é preciso recuperar a vista e seguir o mestre.

Marcos apresenta *O ministério de Jesus em Jerusalém* no intervalo de três dias. A essa etapa, o autor dedica três capítulos, iniciando com a entrada na Cidade Santa (Mc 11,1-11), não da forma como os reis entravam nela, e sim como um rei humilde, mas aclamado pelo povo: "Bendito o Reino que vem, do nosso pai Davi! **Hosana** no mais alto dos céus!" (Mc 11,9, grifo do original). Acentua-se nesse trecho o messianismo de Jesus: humilde e servidor.

O conflito no Templo (Mc 11,15-19) foi um motivo forte para a decisão dos chefes dos sacerdotes e dos escribas em quererem a morte de Jesus. A parábola *A figueira estéril* e a *Parábola dos vinhateiros homicidas* denunciam a recusa de Israel a Jesus e a sua atitude – o que impossibilitaria que o Reino de Deus desse frutos –, responsabilidade essa que pertencia aos líderes religiosos, aos anciãos, aos chefes dos sacerdotes e aos escribas (Mc 11,27). Os grupos dos herodianos e dos saduceus também aparecem na perseguição a Jesus, e o conflito entre ele e esses grupos fica cada vez mais evidente (Mc 12,38-40).

No capítulo 13, Marcos apresenta um discurso escatológico, o último do ministério de Cristo. O texto é uma coleção de terríveis repreensões proféticas e sinais apocalípticos. Nele, Jesus prediz a destruição do Templo de Jerusalém, colocando-se, assim, na tradição dos antigos profetas (Mq 3,12; Jr 26,18). Os primeiros cristãos associaram a profecia à destruição do Templo pelos romanos no ano 70 d.C.

A mensagem apocalíptica de Marcos alude à paciência e à esperança no tempo de perseguição sofrido por sua comunidade (Mc 13,5-13). A referência aos falsos profetas que se levantariam era uma realidade do princípio da Igreja, e o livro dos Atos dos Apóstolos retrata essa questão (At 5,36-37). Nessa passagem, aparece o destino tanto dos discípulos quanto de seu mestre: "Ficai de sobreaviso. Entregar-vos-ão aos sinédrios e as sinagogas, e sereis açoitados, e vos conduzirão perante governadores e reis por minha causa, para dardes testemunho perante eles" (Mc 13,9).

O texto que se segue a essa passagem passa das experiências da comunidade de Marcos para o futuro. A perícope (Mc 13,14-23) reflete o livro do profeta Daniel e

> talvez se refira aos eventos que levam à destruição de Jerusalém em 70 d.C. [...] Se o comentário fazia parte de uma fonte anterior a Marcos, ele pode aludir ao plano abortivo do imperador Calígula de colocar uma estátua de si mesmo no Templo de Jerusalém em 40 d.C. [...] apresentado como uma repetição do incidente de Antíoco. (Harrington, 2011, p. 119)

O bloco sobre *A Paixão e a ressurreição de Jesus* tem início descrevendo a proximidade da Páscoa e a intenção dos chefes dos sacerdotes e dos escribas de prender e matar Jesus (Mc 14,1-2). A memória da mulher que ungiu Jesus em Betânia dá ao leitor a indicação sobre o sepultamento de Jesus (Mc 14,8) e também sobre sua vitória, porque ela será lembrada em toda parte "onde quer que venha a ser proclamado o Evangelho" (Mc 14,9). Essa mulher, contrariamente a Judas e aos chefes dos sacerdotes e escribas, foi capaz de compreender, de fato, a identidade de Jesus e o significado da sua presença no meio do povo eleito.

Nos preparativos para a Páscoa, configura-se um contexto ritual para a realização da última ceia. No Getsêmani, Marcos descreve como angústia e apavoramento o sentimento pelo qual Jesus é tomado diante do que o espera, e ocorre seu encontro com os discípulos que dormem – no relato dessa situação, o autor pode estar se referindo à comunidade que precisa estar desperta. Marcos continua a narrativa em tons dramáticos quando menciona que Judas chegou com uma multidão que trazia "espadas e paus" (Mc 14,43). Essa atitude confirma que Jesus devia ser visto como um agitador político-religioso e que, para aquele grupo de pessoas, ele ameaçava tanto o poder judaico quanto o romano.

Jesus então foi preso e levado perante o sinédrio, condenado por blasfêmia e por ameaça de destruir o Templo (Mc 14,53-65). Já a acusação que leva Pilatos a entregar Jesus à crucificação é a de ser "rei dos judeus", um título perigoso e com tons revolucionários para o governo romano (Mc 15,2). A descrição sobre a coroação de espinhos, o caminho do calvário e a crucificação segue na narrativa.

Diante da morte de Jesus, é dada a resposta para a pergunta que perpassa todo o Evangelho segundo Marcos: "Verdadeiramente este homem era Filho de Deus" (Mc 15,39), reconhecimento que vem da boca não de um representante do judaísmo, mas de um soldado romano, ou seja, um pagão.

Os protagonistas dos últimos episódios narrados por Marcos são mulheres. Elas, que vinham acompanhando Jesus desde a Galileia, agora estavam "olhando de longe" (Mc 15,40) e observando o que acontecia (Mc 15,47). Elas foram "no primeiro dia da semana" (Mc 16, 2) para ungir o corpo de Jesus, porém, em vez do túmulo fechado contendo o corpo de Cristo, o que elas encontraram foi o túmulo aberto e nele a presença de um mensageiro divino, que lhes anunciou a ressurreição de Jesus e as enviou as mulheres para proclamarem a notícia aos "discípulos e a Pedro" (Mc 16,7).

A reação das mulheres, no entanto, surpreende o leitor. Elas não contaram nada a ninguém, com medo. A teologia de Marcos sugere que mesmo a proclamação da ressurreição não pode produzir a fé, que depende da capacidade dos discípulos e das discípulas de se encontrarem com Jesus, desde a Galileia, acompanhá-lo e participar de seu ministério e de seu destino.

O Evangelho segundo Marcos termina bruscamente, sem informar o que aconteceu depois, apenas confirmando o medo e estupor das mulheres (Mc 16,8), sem dar ao leitor maiores informações sobre o encontro entre o Jesus ressuscitado e seus seguidores.

A conclusão da narrativa, apresentada na perícope das *Aparições de Jesus ressuscitado* (Mc 16,9-19), é um acréscimo posterior e parece resumir tradições encontradas nos outros evangelhos. O texto desse trecho é diferente do estilo do evangelista e não está presente nos manuscritos mais antigos do Evangelho segundo Marcos. A passagem narra três aparições de Jesus ressuscitado: uma dedicada a Maria Madalena (Mc 16,9), outra a dois discípulos (Mc 16,12) e uma terceira aos "Onze" (Mc 16,14). Os dois últimos versículos assinalam a ascensão de Jesus "à direita de Deus" (Mc 16,19) e a missão dos discípulos confirmada pelo Senhor por meio de sinais (Mc 16,20).

2.3.2 O Evangelho segundo Mateus

O primeiro versículo do Evangelho segundo Mateus já insere o leitor em sua linha cristológica: Jesus Cristo é o filho de Davi, filho de Abraão. Ele é o Messias prometido, de ascendência davídica, comprovada na genealogia e nos relatos de sua infância: nasceu em Belém e seu pai foi José, descendente de Davi (Mt 1,16).

A genealogia apresentada na narrativa surpreende quando, entre os nomes de vários homens, aparece o de quatro mulheres, e todas elas, de certa forma, são personagens que despertam suspeitas, pois três delas eram pagãs e outra fora descrita anteriormente com comportamento reprovável (Mt 1,3.5). Por último, aparece na lista o nome de Maria, a virgem, mãe de Jesus. O narrador demonstra, dessa maneira, que Deus escolhe agir nas impossibilidades humanas por meio do seu Espírito.

Diferentemente da obra lucana, no primeiro evangelho da lista canônica a origem humana de Jesus é narrada pela perspectiva de José, homem "justo" (Mt 1,19).

O retrato cristológico que abrange a obra é encontrado já na etapa inicial do relato: Jesus é o Salvador (Mt 1,21), o Emanuel, Deus conosco (Mt 1,23). A visita dos magos (Mt 2,1-18) introduz no texto o alcance salvador de Jesus e sua acolhida, que estão para além do judaísmo, visto que os magos apontam para a universalidade da salvação e da missão dos cristãos, dirigidas a todas as nações. Assim, são os pagãos que se abrem aos sinais do Senhor e oferecem a ele seus dons; enquanto Herodes e toda a Jerusalém são incapazes de fazer essa leitura e se colocam contra a vontade de Deus.

A ira de Herodes, a fuga da sagrada família para o Egito e seu retorno (Mt 2,13-23) refletem a história da infância de Moisés – personagem tão importante para o judaísmo –, do qual, para Mateus, Jesus é maior. Da mesma forma, esse relato reflete a história do povo de Israel, que foi tirado do Egito.

Na descrição do batismo de Jesus, aparece a primeira frase pronunciada por ele no evangelho: "Deixa estar por enquanto, pois assim nos convém cumprir toda a justiça" (Mt 3,15). Este é um tema importantíssimo no Evangelho de Mateus: a **justiça**. Jesus veio para cumprir toda a justiça, ou seja, a vontade de Deus para seus filhos, que são toda a humanidade.

Israel esperava, fazia tempo, a manifestação de Deus nos profetas, e o povo igualmente aguardava a ação do Espírito, vista como manifestação de tempos messiânicos. Os céus – que há muito tinham se fechado – se abriram (Mt 3,16) e a voz de Deus confirmou o que é dito no primeiro versículo da obra: "Este é o meu Filho amado, em quem me comprazo" (Mt 3,17).

Mais adiante, a narrativa das tentações de Jesus tem paralelo com a caminhada de Israel no deserto. Jesus as vence (Mt 4,1-11) não por ser filho poderoso de Deus, mas obediente à vontade do Pai, numa perspectiva de entrega e de fidelidade – no final da obra de Mateus, na cruz, mais uma vez Jesus é provocado a reagir como filho "poderoso" (Mt 27,39-44), mas seu reconhecimento vem justamente da postura que adota (Mt 27,54).

Até essa etapa da obra, Mateus utilizou, no total, seis citações de cumprimento das Sagradas Escrituras para demonstrar que era Deus quem conduzia toda a história da salvação, o que confirma também o caráter teológico de seu evangelho.

Ao chamado dos discípulos, aos ensinamentos e às curas, segue-se o *Sermão da montanha* (Mt 5-9), inaugurado com *As bem-aventuranças*, texto da fonte Q (Mt 5,1-11; Lc 6,20-23). Nessa passagem, Mateus retoma a palavra *justiça*, característica de sua obra. O relato informa que Jesus "subiu à montanha" (Mt 5,1), de forma semelhante a Moisés, que subiu no monte Sinai e recebeu a Lei, porém com grande diferença: "Jesus sobe a montanha e, ele mesmo, proclama o ensinamento básico a respeito do Reino" (Bíblia, 2014, p. 1190). Das oito bem-aventuranças apresentadas por Mateus, duas ainda se aplicam ao tempo presente (Mt 5,3.10)[3]. Outra passagem de destaque no *Sermão da montanha* é a oração do Pai-nosso (Mt 6,9-13), encontrada também em Lucas, mas com algumas diferenças (Lc 11,2-4). Na oração apresentada por Mateus, há sete pedidos, o que não pode ser ao acaso, já que os números tinham grande importância para o evangelista.

Em seguida, o texto apresenta uma série de curas em meio a ensinamentos de Jesus (Mt 8-9), que apontam sempre o interesse doutrinal do evangelista em relação à Igreja. No relato, diante das palavras e das obras de Cristo, os discípulos se aproximaram, mas não compreenderam

---

3 Sugerimos a leitura e a pesquisa aprofundada dessa perícope importante para a compreensão dos motivos que levaram o autor a apresentá-las dessa forma.

quem era Jesus, a multidão ficou impressionada e os escribas e os fariseus se escandalizaram (Mt 5,1-2; 7,28; 8,23-27; 9,3.11.33). No geral, a conclusão dessa história apresenta duas posturas: a do povo que se admirou (Mt 9,33) e a dos responsáveis pela religião, que deturparam o ministério de Jesus (Mt 9,34).

A missão dos discípulos está em estreita relação com a de Jesus, conforme o *Discurso apostólico* (Mt 10). Ele lhes conferiu autoridade para realizarem as mesmas obras que ele e para participarem de seu ministério, anunciando e instaurando o Reino. Consequentemente, os discípulos sofreriam as mesmas perseguições que Jesus: seriam desprezados e açoitados, entre outros castigos, porque o ministério deles estava em continuidade com o de Jesus, porém com uma diferença: ensinar (fazer discípulos) era um ato exclusivo de Jesus e só seria dado aos discípulos na conclusão do Evangelho, depois da ressurreição (Mt 28,19-20).

Mateus posiciona a narrativa sobre a pergunta de João Batista (Mt 11,2-6), recolhida da fonte Q, num lugar estratégico de sua obra. Já a passagem que cita os sinais dos tempos messiânicos – "**os cegos recuperam a vista**, os coxos andam, os leprosos são purificados e os surdos ouvem, os mortos ressuscitam e **os pobres são evangelizados**" (Mt 11, 5, grifo do original) – está disposta como confirmação não apenas das obras de Jesus, mas também das realizadas por seus seguidores, por isso vem depois da descrição das obras dos discípulos (Mt 10). Isso porque "as obras são sua continuidade e formam unidade com as de Jesus. Os discípulos de Jesus continuam as obras de misericórdia e de libertação ([Mt] 8,17) que significam a chegada do Reino dos Céus ([Mt] 4,17; 10,7)" (Monasterio; 2012b, p. 201).

A oposição a Jesus aparece com mais frequência nos capítulos seguintes (Mt 11,20-24; 11,16; 12,32.41.42.45). Seus perseguidores eram grupos que representavam o judaísmo: os fariseus e os escribas (Mt 11,21-24; 12,38-42). Eles rejeitavam reconhecer Jesus como messias (Mt 12,23-24), e, nessa etapa da narração, já aparece a decisão deles de matar Jesus (Mt 12,14).

O evangelho ressalta o modo do agir de Deus, que escolhe os pequenos, e a relação filial de Jesus em relação a ele, que se dirigia ao Pai (Mt 11,25-27). Ou seja, em contrapartida à postura farisaica oferecida ao povo, Jesus oferecia um "jugo suave" e um "fardo leve" (Mt 11,28-30).

A perícope *Os verdadeiros parentes de Jesus* (Mt 12,46-50) chama a nossa atenção, pois basta a compararmos a seus paralelos sinóticos (Mc 3,31-35; Lc 8,19-21) para notarmos que, em Mateus, a nova família de Jesus é a comunidade de discípulos e de discípulas, ou seja, a Igreja. São eles que, junto a Cristo, cumprem a vontade do Pai.

O segundo discurso construído por Mateus destaca a dimensão eclesial, tema que é dominante em seu evangelho. As parábolas do capítulo 13 discorrem acerca da natureza do Reino dos Céus e do juízo final. Na sequência, é mostrado que a ruptura entre Jesus e os representantes do judaísmo havia crescido (Mt 14,13; 15,21; 16,4), e tem destaque no texto um material exclusivo do autor, de conteúdo explicitamente eclesial, no qual é conferida relevância à figura de Pedro (Mt 14,22-33; 16,16-19; 17,24-27). Importantíssima é a perícope da *Profissão de fé e o primado de Pedro* (Mt 16,13-20). É nesse contexto que a palavra *Igreja* aparece pela primeira vez no evangelho. Pedro recebeu de Jesus a função de autoridade perante a Igreja: uma autoridade de "ligar e desligar", que também seria conferida aos outros discípulos no decorrer da narrativa (Mt 18,18). Contudo, foi a Pedro que Jesus confiou o papel de pedra fundamental da Igreja e "as chaves do Reino dos Céus" (Mt 16,19).

É nesse momento da obra que Mateus apresenta *O primeiro anúncio da Paixão* (Mt 16,21-23). Mais adiante, a passagem que relata *A transfiguração* manifesta mais uma vez a filiação divina de Jesus (Mt 17,5) e é sublinhada a importância de escutá-lo por parte dos seus, que ainda não compreendiam a cruz (Mt 17,23), visto que ser discípulo é passar, da mesma maneira que o mestre, pela cruz.

Jesus enfrentou não apenas o judaísmo que o despreza, mas também dificuldades com os próprios discípulos, o que refletia as tensões e as dúvidas da Igreja do tempo de Mateus.

O capítulo 18 traz uma catequese sobre o modo de vida dos discípulos, *O discurso sobre a Igreja*, que acentua novamente a presença de Jesus no meio da comunidade (Mt 18,20). Então, é mostrado que Jesus se colocou a caminho de seu destino final: Jerusalém (Mt 19-1). A parte narrativa desse bloco, em sua maioria, é dedicada ao ensinamento dos discípulos (Mt 19-20).

Com a chegada a Jerusalém, o texto descreve uma série de conflitos entre Jesus e os líderes judeus: o relato do acontecimento no Templo (Mt 21,12-17) e, na sequência, a narração de três parábolas (Mt 21,28-22,14), que destacam duas questões importantes e intimamente ligadas para Mateus: Israel e seu desprezo ao Messias enviado do Pai e a advertência à Igreja de Cristo.

No capítulo 23, Mateus desfere um duro ataque ao judaísmo em uma passagem que lembra as bem-aventuranças, agora de forma negativa: *As sete maldições contra os escribas e fariseus*, os sete "ais" sobre aqueles que tinham atitudes de hipocrisia. O evangelista mostra Jesus denunciando o estado hipócrita em que se encontrava o judaísmo, no qual havia incoerência entre pregação e ação. Vale lembrar ao leitor que, por trás das palavras de Jesus, estavam uma comunidade, a Igreja de Mateus e seu texto. Além de se referir aos fariseus da época de Jesus, o texto alude igualmente aos fariseus do tempo da ruptura com a Igreja mateana – o grupo de Jâmnia –, posterior ao ano 70 d.C. Mais do que isso, Mateus visava ainda a sua Igreja e a seus líderes, que, com atitudes como as descritas na perícope, poderiam comprometer o espírito fraterno da comunidade, levados pelo poder do saber a ser apenas legalistas.

O próximo discurso de Jesus apresentado no evangelho é o chamado *Discurso escatológico*, que nos oferece uma perspectiva categórica sobre o compromisso dos cristãos com a parúsia. As passagens de cunho apocalíptico desse discurso retomam o capítulo 13 do Evangelho segundo Marcos e sugerem a destruição de Jerusalém em 70, "descrita com imagens proféticas da destruição de 587 a.C." (Radermakers, 1985, p. 162)[4]. Anteriormente, já esclarecemos que textos desse gênero apontam para algo além das imagens empregadas. É preciso reconhecer os sinais e estar atentos e cheios de esperança diante dos fatos representados por esse gênero. Dessa forma, o trecho retrata que, mesmo diante dos conflitos e das perseguições, o Reino era verdadeiro e já se fazia presente, contudo, não estava manifestado de maneira plena, escatológica.

As parábolas relatadas nesse trecho (Mt 24,32-25,30) ensinam sobre a prudência e o envolvimento com o Reino e, igualmente, exortam a comunidade a multiplicar seus dons, pois ela deveria produzir frutos. É deste modo que Mateus inicia a perícope sobre *O último julgamento*: "Quando o Filho do Homem vier" (Mt 25,31). Em toda a obra, o autor revela preocupação ética e pastoral. Afinal, a maneira como os discípulos se colocavam diante do Cristo que "veio" é o que decidiria sobre a entrada deles na vida eterna. Isto significa que a atitude humana já tem reflexo na eternidade.

A base do julgamento, segundo Mateus, está nas obras de misericórdia (Mt 25,31-46). Por isso, Jesus tanto se identificava com o pobre, com o faminto, com aquele que não tinha o que vestir, que tinha sede, que era cativo, pois, quando alguém faz algo por eles, é pelo próprio Cristo que o faz. Ser cristão, ser Igreja, é conhecer verdadeiramente Jesus e realizar e dar continuidade a seu ministério de salvação, de libertação e de promoção de todo ser humano – homens e mulheres –, nas mais variadas situações de opressão em que estejam.

---

4 Anteriormente, esclarecemos que textos desse gênero apontam para algo além das imagens empregadas e, para que sejam compreendidos, os sinais que apresentam devem ser reconhecidos, além de pressuporem uma leitura atenta e uma atitude de esperança diante dos fatos que descrevem.

Mateus inicia a narrativa da Paixão e da ressurreição (Mt 26-28) concluindo os discursos de Cristo: "Quando Jesus terminou essas palavras todas" (Mt 26,1). Nessa parte, o autor utilizou bem o material de Marcos, entretanto, trouxe, além das modificações e das adaptações feitas nas perícopes, de acordo com sua finalidade, as passagens sobre a *Morte de Judas* (Mt 27,3-10), *A guarda do túmulo* (Mt 27,62-66) e *A astúcia dos chefes judaicos* (Mt 28,11-15), todas advindas de material exclusivo do evangelista.

A respeito da morte de Judas, o livro dos Atos dos Apóstolos fornece uma informação diferente da apresentada por Mateus (At 1,18-19). Isso pode ser explicado pelo fato de essa passagem ter surgido no formato de uma lenda para justificar o nome *Campo de Sangue* dado ao campo do Oleiro (Mt 27,7-8). A perícope ainda apresenta a última das citações de cumprimento encontradas no Evangelho segundo Mateus (Mt 27,9-10), que alude a textos do profeta Zacarias (Zc 11,12-13) e do profeta Jeremias (Jr 32,6-15; 18,2; 19,1-2; 7,30-34). A este último, o evangelista pode ter referido a citação por se tratar de "um homem de dores, um profeta do juízo e condenação" (Viviano, 2011, p. 211).

As perícopes sobre *A guarda do túmulo* (Mt 27,62-66) e *A astúcia dos chefes judaicos* (At 28,11-15) refletem a argumentação cristã diante da uma polêmica surgida entre os anos 80 e 90 d.C., ressaltada no seguinte trecho: "E espalhou-se essa história entre os judeus até o dia de hoje" (Mt 28,15).

A Galileia, citada já nos contextos da última ceia (Mt 26,32) e do encontro das mulheres com o ressuscitado (Mt 28,10), reaparece na conclusão do evangelho (Mt 28,16). Essa passagem descreve a única aparição do ressuscitado aos discípulos na narrativa de Mateus. A perícope traz a mensagem de Jesus ressuscitado (Mt 28,18b-20) sobre a missão dos discípulos, que é evangelizar "todas as nações", autorizados e investidos do poder do Cristo, com a garantia de sua presença: "E eis que eu estou convosco todos os dias, até a consumação dos séculos!" (Mt 28,20).

2.4 As comunidades por trás dos textos de Marcos e de Mateus

A comunidade em que Marcos escreveu seu evangelho e para a qual o direcionou era formada, em sua maioria, por cristãos de origem pagã (helênicos), mas é provável que houvesse também a presença de judeus convertidos ao cristianismo. Tratava-se de uma comunidade missionária que partia de uma Igreja que se reunia nas casas para celebrar e aprender a fé (Carmona, 2012a, p. 163). As informações sobre a comunidade de Marcos são de grande importância, porque, por meio da análise de sua realidade, é possível compreendermos melhor a teologia do autor. Sem nos esquecermos de que destinatário também é todo aquele que deseja conhecer e ser discípulo do Evangelho de Jesus Cristo, podemos dizer que cada um dos leitores e cada uma das leitoras atuais do texto de Marcos são, igualmente, destinatários desse evangelho.

Já a comunidade de Mateus era formada, em sua maioria, por judeu-cristãos. Entretanto, também havia judeu-cristãos helenistas e, provavelmente, cristãos procedentes do paganismo. Tratava-se de uma comunidade de centro urbano, que contava com certa organização (Mt 23,8-10.34). De acordo com o uso que o evangelista fez das Sagradas Escrituras e o conhecimento que tinha das tradições judaicas, provavelmente, na Igreja de Mateus, existia uma escola de escribas cristãos. Há autores que acreditam se tratar da Igreja da Antioquia, porque vários dos elementos que aparecem na obra deixam transparecer a realidade dessa comunidade específica (Monasterio, 2012b, p. 252).

2.4.1 Questões das comunidades de Marcos e de Mateus

Por meio das questões que Marcos desenvolve em seu relato, podemos conhecer a realidade de sua comunidade, sua dificuldade em viver a fé e os conflitos que a cercavam. No desenvolvimento dos temas teológicos, por exemplo, fica implícita a realidade enfrentada pelos crentes daquele tempo e lugar. Para entender melhor essa questão, apresentamos a seguir uma breve explicação, feita com base em Carmona (2012a, p. 163-165):

- **Problemática interna** – Entre os temas desenvolvidos na obra de Marcos, tem destaque a cristologia. Por meio dela, o autor do evangelho busca corrigir equívocos na compreensão do conceito cristológico de Jesus como messias e como Filho de Deus dentro de um ambiente de perseguição e de insegurança da fé. O momento era de fato delicado. A situação vivida era de conflitos de guerra e a comunidade sofria muito com isso.

  Mais uma questão a sublinhar é a aceitação que o material de Marcos recebeu – uma obra em linguagem histórico-narrativa. Por trás da acolhida do evangelho está o perigo que oferecia a gnose para a comunidade daquele período. Ela tendia a distanciar o cristianismo da realidade histórica vivida pela população. A corrente gnóstica dava ênfase ao Jesus ressuscitado em detrimento do Jesus histórico. Os movimentos pré-gnósticos usavam de forma abusiva a catequese de Paulo (2Pe 3,15-24), deixando de lado, portanto, a vida concreta de Jesus e centralizando-se apenas no Jesus ressuscitado, algo que não poderia ser aceito. Desse modo, a linguagem utilizada por Marcos em sua obra concede fundamento à fé da comunidade, que não estava alheia à realidade humana, mas que via norma na vida concreta de Jesus e de seus discípulos e podia atualizar em seu meio a práxis libertadora de Cristo na realidade cotidiana dela própria. Essa é uma importante finalidade do autor em relação à redação de seu evangelho.

Outra situação difícil era o risco que corria a tradição oral a respeito de Jesus. Uma série de eventos em torno dos anos 60 d.C. ameaçava a continuidade e a transmissão do Evangelho de Cristo: a morte dos grandes fundadores – a dispersão cristã causada pela rebelião judaica entre os anos 66 e 70 d.C. Um contexto de conflitos e perseguições que encontrou na narrativa catequética de Marcos um trabalho de continuidade, ensinamento e proteção da tradição recebida pelos cristãos da primeira geração.

- **Problemática externa** – Levantes judaicos eram frequentes contra Roma nesse período, pois muitos judeus não suportavam mais serem subjugados. O mundo pagão não entendia a diferença entre o judaísmo e a nova comunidade que surgia, os cristãos. Em meio a todos esses conflitos, havia um esforço em conter os ideais apocalípticos (Mc 13), um movimento latente na época. Viver o senhorio de Jesus era um desafio constante à comunidade. É nesse ambiente que Marcos escreveu o único evangelho para os crentes, Jesus Cristo, contra todos os evangelhos do império. Por isso, ele acentua sua cristologia desde o início da obra: "Princípio do Evangelho de Jesus Cristo. Filho de Deus" (Mc 1,1).

Da mesma forma, a narrativa de Mateus evidencia os problemas que atingiam sua comunidade e a direcionavam. Um dos confrontos mais fortes acontecia com o judaísmo do tempo da redação do evangelho, conforme o comentário a seguir, feito com base em Monasterio (2012b, p. 252):

- **Problemática interna** – As questões que a comunidade de Mateus enfrentava envolviam problemas de coerência no modo de viver cristão, de maneira que o autor insiste na práxis de "produzir bons frutos". A exortação a uma fé insegura e fraca diante dos momentos de dificuldade é outra preocupação do autor, que ainda estava atento à confusão que faziam os falsos profetas na comunidade, difundindo falsas doutrinas (Mt 7,15-23; 24,11.24), a ponto de escandalizarem e desencaminharem os membros mais fracos (Mt 18,6.10.12-14).
- **Problemática externa** – A comunidade de Mateus vivia um forte conflito com o judaísmo pós anos 70 d.C., grupo predominantemente farisaico. Cristãos e judeus disputavam uma mesma herança: Quem seria o verdadeiro povo de Deus? Ou qual era a correta interpretação das Sagradas Escrituras? Ou ainda, quem tinha o correto conhecimento da Lei? Estariam certos mesmo os judeus convertidos ao movimento de Jesus, que o reconheceram como Messias de Israel e o seguiram? Ou certa estava a comunidade judaica, agora representada pelos fariseus?

É provável que, nesse momento, os judeu-cristãos já estivessem separados das sinagogas, pois é o que insinua o Evangelho segundo Mateus quando, em algumas passagens, menciona "as sinagogas deles" ou "as suas sinagogas" (Mt 4,23; 9,35; 10,17; 12,9; 23,34). Mesmo assim, alguns textos deixam subentendido que existiam membros da comunidade de Mateus que ainda se sentiam sob a disciplina da sinagoga (Mt 5,11-12; 10,17.23; 23,33-39).

2.5 Dimensão teológica dos textos de Marcos e de Mateus

As narrativas evangélicas desenvolvem grandes temas teológicos, que são a mensagem central que o evangelista quer transmitir sobre Jesus de Nazaré. A seguir, apresentamos esses temas.

2.5.1 Teologia do Evangelho segundo Marcos

Para Marcos, Jesus é o Evangelho, é a verdadeira Boa Nova, o único evangelho que vem de Deus: "Princípio do Evangelho de Jesus Cristo" (Mc 1,1). Sua forma de viver é a proclamação da Palavra de Deus. Além de ser o Evangelho, Jesus é também o evangelizador – **ele é o mensageiro e a mensagem**.

Quem enviou o mensageiro foi o próprio Deus, e, por isso, seu poder o acompanha. Jesus é o anunciador do futuro reinado de Deus – de caráter escatológico –, que já se iniciou e começou a se concretizar no ato de seu anúncio, porque anunciar o Reino compreende uma prática de salvação.

Como já dissemos, a palavra *evangelho* aparece na obra de Marcos oito vezes. A referência que traz a narrativa para a compreensão desse termo e a ação de evangelizar é aquela do livro do profeta Isaías (como já mencionamos no primeiro capítulo). O Reino proclamado e concretizado em Jesus é destinado especialmente aos pobres (Mt 11,5; Lc 7,22); são eles os destinatários privilegiados da ação salvadora de Cristo.

O anúncio-ação de Jesus apresenta uma dinâmica interessante: ele ocorre no ocultamento e na fraqueza. Algo que era inesperado pelo povo eleito. Assim, a Boa Nova da salvação, mesmo sendo desprezada por muitos, era transformadora para os que a acolheram com fé.

Esse anúncio teve um lugar especial: a Galileia, onde Jesus iniciou e realizou grande parte de sua missão. Os discípulos deviam voltar para a Galileia para fazer a experiência do ressuscitado e, a partir de lá, proclamar a salvação, da mesma forma como foi realizada antes: na debilidade e no ocultamento. Por isso, o autor indica a Galileia como local de reencontro depois da ressurreição – inclusive, na última ceia, Marcos a coloca como ponto de reencontro (Mc 14,28). Ela é, portanto, a conexão entre o Jesus terreno e o Jesus glorioso (ligação entre o ministério, a Paixão e a morte de Cristo e a sua ressurreição), ou seja, é a região onde tudo começou.

Jesus é o Messias que proclama o Reino de Deus

Segundo Marcos, Jesus é o Messias proclamador do Reino de Deus, ungido pelo Espírito. A primeira ação de Cristo, logo que iniciou seu ministério, é o chamado dos discípulos (Mc 1,16-19). Desse modo, o autor ensina que o Reino se apresenta como fundamentalmente comunitário e sua chegada tem como agentes um novo povo.

A nova era inaugurada com Jesus, o tempo messiânico, foi acompanhada de sinais de salvação e de libertação de endemoninhados e de cura de enfermos e de leprosos (enfermidade que se igualava à morte na época de Jesus). Esse novo tempo do reinado de Deus em Jesus instituiu um novo povo, um novo Israel, livre do poder de satanás, da dor e da morte. Mais do que isso, ele supôs uma novidade nas relações humanas, pois Jesus apresentou o reinado de Deus, que é Pai. Desde então, todo ser humano pode, por meio de Cristo, relacionar-se com Deus como filho. Por isso, o perdão dos pecados acompanha a ação de Jesus de Nazaré – perdoar é salvar e transformar cada homem e cada mulher a fim de fazê-los filhos de Deus e irmãos uns dos outros, membros de um novo povo.

Cristo, portanto, não proclamou uma salvação de Deus por sua onipotência, com a destruição dos ímpios, mas plena de amor e de misericórdia, oferecendo o perdão aos pecadores, chamando-os para segui-lo. De fato, na pessoa de Jesus, o Reino já se fez presente na história humana, não ainda em sua plenitude, de forma escatológica, mas já está ocorrendo. Um tempo que era promessa na Antiga Aliança (conforme o Antigo Testamento) começou a se cumprir com Jesus, que é o Evangelho, e se consumará na parúsia. E, no momento presente, situa-se a Eucaristia, que é sinal do Reino já presente e garantia do Reino futuro.

Essa dinâmica do Reino se constitui num dom oferecido pelo Pai – situação que não exclui a responsabilidade humana na atitude de cooperar para recebê-lo, a fim de que ele aconteça concretamente todos os dias. Sua realização é tarefa de cada discípulo e de cada discípula de Jesus.

Quanto aos agentes do Reino, são eles: Deus e Jesus. Este é proclamador do Reino e sua ação o promove. Além disso, ele mesmo é personificação do Reino. Assim, receber Jesus é receber o Reino de Deus.

Jesus, Filho de Deus

A filiação divina de Jesus versa sobre uma relação de modo único e íntimo com Deus. Uma filiação na qual a vontade do Filho se identifica com a do Pai, proclamando-a, realizando-a e defendendo-a. Ser Filho é compartilhar a própria vida e, ao mesmo tempo, agir de acordo com a vontade do Pai. Ou seja, ser Filho é instaurar o Reino de Deus.

Para o povo judeu, ser filho de Deus é um conceito que implica uma eleição divina especial. A finalidade daquele é cumprir a tarefa de ser o representante deste perante o povo. No tempo da monarquia, esse era o papel atribuído aos reis de Israel. Eles deviam representar Deus, fazer com que sua justiça fosse estabelecida no meio da nação.

Jesus tinha consciência de ser o Filho e identifica-se com o projeto do Pai, que o concretiza na própria vida. Com isso, a maneira como essa nova relação de filiação com Deus acontece para cada ser humano pressupõe liberdade e aceitação. Tornar-se filho de Deus é viver a existência humana de forma autêntica e em sua plenitude. É isso que Jesus ensinou por meio de sua vida.

Discipulado e eclesiologia

Marcos apresenta em seu texto dois grupos que seguiram Jesus: o grupo dos discípulos e o grupo dos apóstolos, os "doze". Do primeiro, faziam parte os que seguiam Jesus (Mc 2,15) e as mulheres (Mc 15,41), que, além de o acompanharem, também o serviam.

Esses dois grupos tinham caraterísticas comuns:

- **Eram grupos cristológicos a serviço do Reino** – O fato de o seguirem implica que se identificavam com a missão de Jesus; seus membros formavam entre si uma nova família, que deixava tudo (Mc 10,28-30) e se fazia sinal, primeiro, da presença do Reino. Sua vivência ocorria no serviço e na partilha e, logo, tinha caráter missionário.
- **Tinham o conhecimento de Jesus** – Eram testemunhas das obras e das palavras de Cristo e também das reações de seus ouvintes (que, em sua maioria, desprezaram a Jesus). Eles receberam o conhecimento do ministério do Reino de Deus (Mc 4,11) que foi revelado em Jesus e por ele (Mc 9,1), um dom que implica uma busca de aprofundamento contínuo até chegar ao entendimento completo de Jesus, de sua identidade e de sua forma de agir.

Quanto aos discípulos, Marcos destaca uma dupla meta: o messianismo de Jesus e sua divindade. A primeira, os discípulos compreendiam, porém com bastante dificuldade (Mc 1,36; 4,13.40; 6,52; 7,18; 8,17-21); a segunda, eles não atingiram, ou seja, não foi alcançada por eles durante o ministério público de Jesus.

Aos doze cabia uma missão exclusiva: eram testemunhas especiais, capacitadas pelo mesmo Espírito que reveste Jesus para proclamar o Reino e expulsar os demônios (Mc 3,14-18; 6,6b-13).

Um grupo menor, formado por três discípulos – Pedro, Tiago e João – era o protótipo dos doze. Eles tinham experiências especiais em relação à missão de Jesus e de seu destino: testemunharam seu poder sobre a morte (Mc 5,37), sua transfiguração (Mc 9,2-8) e sua angústia no Getsêmani (Mc 14,33-42). Contudo, Pedro, no Evangelho segundo Marcos, é a pessoa mais relevante depois de Jesus. A obra marcana menciona Pedro 24 vezes e o apresenta como o membro mais característico do grupo. Para a maioria dos exegetas, a imagem de Pedro apresentada por Marcos é positiva, contudo, não se excluem as notas negativas sobre o apóstolo. Em Marcos, Pedro é tanto um dos responsáveis pela comunidade quanto arquétipo do discipulado.

A visão de Igreja oferecida pelo Evangelho segundo Marcos é a de uma realidade escatológica, porque ela nasceu como sinal do reinado de Deus, que já começou em Jesus. Também é uma realidade cristológica, porque tomar parte desse Reino consiste em seguir e fazer parte da família de Jesus, identificar-se com sua pessoa e com seu projeto. Igualmente, é uma realidade missionária, pois continua a missão do Messias.

Teologia dos milagres

O tema dos milagres é algo que sempre mexe com quem lê os evangelhos. Se dermos aos milagres uma importância central sem interpretá-los como sinal, adotaremos uma visão perigosa sobre a missão de Jesus, pois podemos correr o risco de não entender a função que esses eventos tiveram na história da salvação. Os relatos de milagres, obviamente, foram transmitidos pela tradição e de lá recolhidos por Marcos. Ou seja, são relatos que vieram das fontes a que o evangelista teve acesso. Trata-se de sinais que acompanharam o ministério de Jesus, sinais pedagógicos de interpretação do Reino de Deus e da certeza de que esse Reino se manifestará plenamente no futuro (escatológico). "Mesmo suas curas aparecem como antecipações do que será a vida no Reino de Deus. Por enquanto este Reino está em grande medida oculto, mas em Jesus ele é inaugurado e antecipado" (Harrington, 2011, p. 67). Por isso, o autor teve cuidado ao narrar os milagres para que a comunidade não os entendesse como magia e buscasse Jesus apenas como fonte de curas e de soluções de problemas. De maneira que, para Marcos, eles eram fundamentalmente sinais que tinham sentido exclusivo na pregação do Reino de Deus, que liberta e salva todo ser humano. Por isso, os milagres são apresentados no início da narrativa de Marcos e vão diminuindo até desaparecerem na segunda parte do evangelho, quando o narrador se ocupa com a morte e com a ressurreição de Jesus.

O título Filho do Homem

Essa designação aparece quatorze vezes no decorrer do Evangelho segundo Marcos e sempre proferida por Jesus: duas vezes aludindo ao seu ministério (Mc 2,10.28); nove vezes referindo-se a sua morte e a sua ressurreição (Mc 8,31; 9,9.12.31; 10,33.45; 14,21.41); e três vezes acenando para a parúsia (Mc 8,38; 13,26; 14,62).

Para Marcos, esse título apresenta Jesus como um homem especial que recebeu de Deus o poder de salvar a humanidade, perdoando pecados, curando enfermos e libertando as pessoas do legalismo imposto por uma religião que se encontrava alienada (Mc 2,10.18). Essa salvação o Filho do Homem exerce na debilidade e na entrega da própria vida. Contudo, ele ressuscitou (8,31; 9,9.12.31; 10,33.45; 12,21.41) e será vingado por Deus na parúsia (8,38; 13,26; 14,62).

O Filho de Deus

Marcos apresenta Jesus como **Filho de Deus**. Esse título é o reconhecimento da comunidade cristã-palestinense, que explicava sua fé em Jesus à luz das Sagradas Escrituras. No Antigo Testamento, tratava-se de uma filiação adotiva, como no caso daquele que recebia a proteção de Deus (Sb 2,18), sobretudo na figura do rei. No período da monarquia, o rei era considerado o Filho de Deus (2Sm 7,14-17; Sl 2,7). Jesus é Filho de Deus e "revela seu caráter filial divino na fraqueza", passando pela morte na cruz (Carmona, 2012a, p. 154).

Dinâmica do segredo messiânico

O segredo messiânico é um assunto relevante que aparece na obra de Marcos. Tudo indica que sua dinâmica, de fato, foi estabelecida durante o ministério de Jesus e o autor a apresenta por motivos teológicos e históricos. Porém, é necessário que percebamos a diferença entre o segredo relacionado aos milagres, que não era obedecido, e o segredo referente ao messianismo de Jesus. Este último era observado tanto pelos discípulos quanto pelos demônios.

Sobre os milagres, a imposição do silêncio sobre eles não era algo histórico, mas o era em relação ao segredo messiânico e tinha correspondência com os títulos de Jesus como Messias e Filho de Davi. Ou seja, ao reconhecerem Jesus como o Messias esperado, o povo e os discípulos correram o risco de fazer uma leitura errada do messianismo de Jesus, que não se identificava com a expectativa judaica de um líder régio e poderoso. Jesus era um Messias nas linhas da profecia de Isaías. Assim, a imposição de silêncio em relação aos milagres ocorreu de maneira mais forte naqueles que marcavam os sinais de que falou o profeta Isaías em relação à chegada do tempo messiânico: a cura dos leprosos (Mc 1,40-45), a ressurreição dos mortos (Mc 5,35-43), a cura dos surdos

(Mc 7,31-37) e dos cegos (Mc 8,22-26). Estes eram os sinais citados pelo profeta: "Os teus mortos tornarão a viver, os teus cadáveres ressurgirão" (Is 26,19); "Naquele dia, os surdos ouvirão o que se lê, e os olhos dos cegos, livres da escuridão e das trevas, tornarão a ver. Os pobres terão maior alegria em Iahweh, os indigentes da terra se regozijarão no Santo de Israel" (Is 29,18-24); "Então se abrirão os olhos dos cegos, e os ouvidos dos surdos se desobstruirão. Então o coxo saltará como o cervo, e a língua do mudo cantará canções alegres" (Is 35,5-6). Esses sinais igualmente são citados nos outros dois Evangelhos Sinóticos com a finalidade de reconhecer Jesus como Messias (Mt 11,2-5; Lc 7,18-23) – esses textos foram extraídos da fonte Q.

2.5.2 Teologia do Evangelho segundo Mateus

A dimensão teológica de Mateus sublinha a presença de Jesus no seio de sua Igreja. O comportamento da comunidade cristã, para esse evangelista, deve ser misericordioso e identificar-se com os marginalizados.

Dessa forma, o julgamento em Mateus parte da justiça que é fazer a vontade de Deus aos pequenos, aos famintos, aos doentes, aos presos, aos excluídos etc. Assim, "A justiça tem uma importância especial para Mateus (Mt 3,15; 5,6.10.20; 6,1.33; 21,32) e refere-se, na maior parte das ocorrências, à resposta humana de obediência à vontade do Pai [...]" (Viviano, 2011, p. 134). Uma obediência que é ação: "Mateus se coloca na linha de Tiago. O que importa é o agir" (Marconcini, 2009, p. 132).

Conflitos entre o judaísmo e a Igreja de Mateus

A Igreja primitiva teve fortes conflitos com a população judaica, entretanto, a comunidade de Mateus enfrentou-a de forma muito particular.

Esse duro confronto com o judaísmo representa, além dos embates com o farisaísmo formado após os anos 70 d.C. – em consequência das desavenças com o Império Romano que resultou na guerra judaica –, as questões internas de uma comunidade composta por um grande número de judeus convertidos. As repreensões às lideranças judaicas feitas por Mateus em seu texto são advertências também dirigidas à comunidade, e isso está muito claro no evangelho (Mt 23,8-12). Além do mais, na narrativa, sobressai tanto a ruptura com a Igreja e o judaísmo quanto a continuidade que a Igreja representa da história da salvação.

Na narrativa de Mateus, Jesus é "filho de Davi, filho de Abraão" (Mt 1,1.17.20), e isso quer dizer que ele só poderia ser o Messias prometido para o povo eleito (Mt 2,6). Portanto, **Jesus é o Messias prometido a Israel**. Basta fazermos uma leitura dos relatos da infância de Jesus, descritas no Evangelho segundo Mateus, para percebermos que ela tem como referência a infância de Moisés e de Israel. Além disso, palavras esclarecedoras referentes ao judaísmo são proferidas por Jesus nessa obra: "Dirigi-vos, antes, às ovelhas perdidas da casa de Israel" (Mt 10,6); "Jesus respondeu: 'Eu não fui enviado senão às ovelhas perdidas da casa de Israel'" (Mt 15,24). E várias são as citações de cumprimento a profecias do Antigo Testamento inseridas por Mateus em seu texto.

O desprezo que Jesus recebe por parte do povo eleito é um assunto bem desenvolvido por Mateus. Ele demonstra a atitude negativa de Israel já no início de seu evangelho (Mt 2,1-12). No princípio, há uma diferença entre a reação do povo e a das lideranças judaicas em relação à pessoa de Jesus (Mt 9,33-34; 12,23-24; 21,45-46; 26,4-5), mas ela vai desaparecendo e confirmando o descaso de todo o povo judeu por Cristo. Por isso, Mateus declara que o Reino de Deus será dado a um novo povo (Mt 21,28-22,14), que, no caso é a própria comunidade de Mateus, o novo povo de Deus, aberto a todos que acolherem a fé, sejam gentios, sejam judeus.

Essa nova comunidade cristã está fundamentada sob dois pilares: a aceitação de Jesus como Cristo e Senhor e o cumprimento de tudo aquilo que ele ensinou. Isso significa que a fé se realiza na prática, produzindo bons frutos. Também o evangelista assinala a universalidade da salvação, que é oferecida a todas as nações (Mt 24,14).

Jesus é o Messias e o Filho de Davi em Mateus. O título *Messias* aparece algumas vezes no início do livro e tem a função de apresentar Cristo como tal e o cumprimento das promessas veterotestamentárias. O título *Filho de Davi* é mencionado no texto nove vezes. Mateus é o autor que mais faz uso dele: o povo aclama Jesus com esse título (Mt 21,9.15), a multidão o reconhece assim (Mt 12,23) e, principalmente, atribuem a Jesus esse título aqueles que recorrem a ele confiantes no seu poder e na sua misericórdia (Mt 9,27-28; 15,22.25; 2,30-33). Porém, a interpretação não corresponde à expectativa messiânica tradicional do povo judeu. O que o autor pretendia ao usar esse título é evitar interpretações que sugerissem um Jesus triunfalista. Por esse motivo, Mateus responde que Jesus é Filho de Davi, sim, mas é mais do que isso (Mt 22,41-45), de maneira que os títulos de *Senhor* e *Filho de Deus* são mais adequados para designar a pessoa de Jesus. Assim, em seguida ao título de *Messias*, o evangelho apresenta Jesus como Filho de Deus no batismo (Mt 3,17).

Jesus, Filho de Deus

O título *Filho de Deus* é o mais importante de Jesus. Ele revela o "mistério mais íntimo de sua pessoa" (Monasterio, 2012b, p. 227). Diferentemente do Evangelho segundo Marcos, em que a confissão de Jesus como Filho de Deus aparece no final da narrativa, quando é proferida por um pagão – depois de todo aquele processo que faz parte do esquema de Marcos sobre conhecer o homem de Nazaré e sua identidade –, na obra de Mateus, ele aparece logo no início, no relato da Infância de Jesus.

A narrativa apresenta Cristo nascido de uma concepção virginal, pelo poder do Espírito (Mt 1,20-23). Igualmente, no desenvolvimento da obra, por outras vezes, Mateus demonstra Jesus como Filho de Deus – de modo particular no batismo, quando o próprio Deus se manifesta a respeito dessa filiação (Mt 3,17). O título é muito usado pelos discípulos (Mt 14,33), de modo especial por Pedro (Mt 16,16), referindo-se a uma revelação que só poderia vir da parte de Deus (Mt 16,17).

No relato da Paixão, Jesus, já na cruz, é tentado por sua condição de Filho de Deus: "Os transeuntes injuriavam-no, meneando a cabeça e dizendo: 'Tu que destróis o Templo e em três dias o edificais, salva-te a ti mesmo, se és o Filho de Deus, e desce da cruz!'. [...] Confiou em Deus: pois que o livre agora [...] E até os ladrões, que foram crucificados junto com ele, o insultavam" (Mt 27,39-40.44).

Nessa obra, a confissão da filiação divina de Jesus também é realizada pelo centurião, à qual ainda é acrescentada a confirmação dos companheiros do empregado romano (Mt 27,54). Na conclusão do evangelho, após a ressurreição, no contexto do envio dos discípulos para continuarem sua missão, Jesus é proclamado como Filho: "Ide, portanto, e fazei que todas as nações se tornem discípulos, batizando-as em nome do Pai, do Filho e do Espírito Santo" (Mt 28,19).

Jesus é o Senhor

Com frequência, Jesus recebe o título de *Senhor* no Evangelho segundo Mateus. Quem se dirige a ele com esse título são seus discípulos (Mt 8,21.25; 26,20), especialmente Pedro (Mt 14,28.30; 16,22; 17,4), e as pessoas que apelam a ele para serem curadas (Mt 9,28; 20,30.31; 8,2.6.8; 15,22.25.27). O título aparece nos contextos do Juízo Final e da segunda vinda de Jesus (Mt 7,21-22; 25,11; 25,37.44). Há autores que não acreditam que Mateus utiliza esse título da mesma forma que o faz a tradução da Setenta, na qual ele é usado para designar o nome de Deus.

Porém, mesmo que naquele tempo o título *Senhor* pudesse ser a identificação de uma pessoa que apenas tivesse certa relevância na sociedade, ao designar Jesus como *Senhor*, Mateus descreve a "invocação ao Jesus ressuscitado, Senhor presente e atuante com poder na igreja, e que um dia se manifestará como juiz definitivo" (Monasterio; 2012b, p. 229-230).

Deus conosco

Mateus interpreta a presença de Deus junto a seu povo conforme a Antiga Aliança, agora à luz de Jesus Cristo. Ele é o Emanuel (Mt 1,23) do qual falava o profeta Isaías (Is 7,14). Essa presença emoldura todo o Evangelho, aparecendo desde o início da obra, na anunciação a José (Mt 1,23), até sua conclusão: "E eis que eu estou convosco todos os dias, até a consumação dos séculos" (Mt 28,20b). Isso ocorre porque o autor não separa, como Lucas, o tempo do cumprimento (expresso em seu Evangelho) e o tempo da Igreja (relatado no livro dos Atos dos Apóstolos). Para Mateus, não há distinção entre as etapas e Jesus se faz Deus conosco constantemente no Evangelho, que já é o tempo da Igreja.

O título Filho do Homem

Mateus refere-se a Jesus como *Filho do Homem* nos seguintes contextos: em seu ministério terreno (Mt 8,20), na Paixão e na morte na cruz (Mt 17,22; 20,18; 26,20) e na parúsia (Mt 24,27.37.39). Apenas Mateus, dentre os demais evangelistas, faz uso desse título. Em todas essas situações, no texto, é Jesus mesmo que atribui a si o título de *Filho do Homem*.

O uso mais peculiar desse título no Evangelho é no sentido de *juiz futuro*, escatológico, que reflete o livro do profeta Daniel. Numa simples leitura, percebemos esse reflexo tanto no título quanto nas manifestações cósmicas que aquele texto apresenta (Mt 19,28; 13,41; 25,31-33).

O evangelho da Igreja

A narrativa de Mateus é considerada, por excelência, o Evangelho Eclesial por dois motivos: 1) porque é o único no qual aparece a palavra *ekklêsia*, uma vez para designar a Igreja local (Mt 18,18) e outra para nomear o novo povo que se formou ao redor de Jesus (Mt 16,18); é a aceitação de Jesus que qualifica a Igreja; 2) porque, em toda obra, sobretudo nos discursos, transparece a vida da Igreja.

A Igreja de Mateus tem fundamentos cristológicos, visto que, nela, Jesus está sempre presente, por isso existe uma íntima relação entre ele e a comunidade (Mt 26,29; 26,36; 26,38; 26,40; 26,51; 26,71) e a Igreja está em continuidade com a pessoa, com a mensagem, com as obras e com os conflitos de Jesus (Mt 4-7). A continuidade entre Jesus e seus discípulos é claramente percebida quando estes são enviados em sua missão, no capítulo 10 do Evangelho. A Igreja de Mateus deve viver uma experiência de fraternidade, não deixando espaço para qualquer tipo de desigualdade, nem mesmo de classes ou de poder. Jesus mesmo chama seus discípulos de *irmãos, filhos de Deus Pai* (Mt 23,8-10).

Igreja de discípulos

O discipulado é um tema importante para Mateus. A palavra *discípulo* aparece várias vezes na obra, em contraste com *apóstolos*, mencionada apenas uma vez pelo evangelista.

A característica do discipulado é seu vínculo com o Jesus histórico, atualizado no tempo da Igreja, de maneira que ser discípulo é "transparecer o que significa ser cristão" (Monasterio, 2012b, p. 234). Dessa forma, o discípulo compreende os ensinamentos de Jesus (Mt 13,19.23) e confia no poder do Messias. Ao mencionar os discípulos, diversamente de Marcos, Mateus fornece uma imagem mais positiva deles e omite certas características que o outro evangelista apresenta, como a incompreensão deles diante das obras e dos ensinamentos de Jesus (Mt 14,33;16,12).

Contudo, é claro também no Evangelho segundo Mateus que os discípulos têm suas dificuldades, tanto nas questões da vida concreta quanto no sustento da fé e da fidelidade nos momentos de crise e de conflito. Assim, o autor descreve diversas vezes no texto a insuficiência da fé dos discípulos (Mt 6,30; 8,26; 14,31;16,8; 17,20).

Síntese

Neste capítulo, apresentamos informações relevantes sobre o Evangelho segundo Marcos e o Evangelho segundo Mateus, fazendo distinções e interpretações importantes entre eles.

Observamos que o primeiro pode ser dividido em duas grandes partes, cada uma representada por uma perguntas – "Quem é Jesus?" e "Como é o messianismo de Jesus de Nazaré?". Esse texto é compreendido como o *Evangelho do caminho do discípulo*.

Já o segundo tem como base o livro de Marcos, a fonte Q e uma terceira fonte, à qual apenas Mateus teve acesso, designada *M*, razão por que o evangelista apresenta um relato bem maior que o de Marcos, abordando inclusive relatos sobre a infância de Jesus. Por essas e tantas razões, o Evangelho segundo Mateus é considerado o *Evangelho da Igreja (ekklêsia)*.

Depois de analisarmos particularidades importantes dessas duas obras, podemos nos deixar levar por Marcos e sentirmo-nos parte da Igreja e adotar a prática da justiça defendida por Mateus para, então, estarmos prontos para percorrer o caminho salvador apresentado no Evangelho segundo Lucas, conhecido também como *Evangelho social*, sobre o qual falaremos no capítulo a seguir.

Atividades de autoavaliação

1. Marque V para as afirmativas verdadeiras e F para as falsas:
   ( ) O documento produzido por Marcos foi muito bem acolhido no meio cristão, tanto pela sua intenção diante do contexto em que foi escrito quanto pela forma com que apresentou a Boa Nova.
   ( ) O Evangelho segundo Marcos é o mais conciso dentre os sinóticos, porém oferece várias informações a respeito do encontro entre os discípulos e o Jesus ressuscitado.
   ( ) O Evangelho segundo Marcos é considerado o *Evangelho do discipulado*. O autor apresenta o caminho a ser seguido pelos discípulos de Jesus Cristo.
   ( ) A obra de Mateus, com característica particularmente doutrinal, é uma catequese à Igreja de seu tempo. O autor do primeiro evangelho apresentado na lista dos canônicos traz textos de apreço singular para os cristãos, como é o caso do *Sermão da montanha*, que tem início com a passagem sobre as bem-aventuranças.

   Agora, assinale a alternativa que apresenta a sequência correta:

   a) V, F, V, V.
   b) V, F, F, V.
   c) V, F, V, F.
   d) V, V, F, F.

2. Assinale a alternativa **incorreta** com relação ao Evangelho segundo Marcos:
   a) A Galileia é um local muito importante para a obra de Marcos. Esse autor apresentou a maior parte da vida pública de Jesus nesse território, uma região periférica, o que contrastou com o

que era esperado pelo povo judeu – um messias vindo do centro religioso judaico, Jerusalém. É na Galileia que Jesus iniciou seu ministério, ensinou, curou, expulsou demônios, fez o primeiro e o segundo anúncios da Paixão, transfigurou-se etc.

b) O Evangelho segundo Marcos é atribuído a João Marcos, que fez parte do grupo dos doze apóstolos e é geralmente identificado como parente de Barnabé, filho de uma mulher chamada Maria.

c) O local de redação da narrativa de Marcos é, possivelmente, uma localidade fora da Palestina. Roma é uma região bem aceita para a composição do texto, ambiente que na época tinha forte clima de insegurança e de perseguição.

d) No material desenvolvido por Marcos, o espaço vivido e percorrido por Jesus é este: Galileia, Judeia e Jerusalém. Isso porque a geografia está a serviço da teologia do evangelista.

3. O Evangelho segundo Mateus é uma obra com interesse doutrinal. Nela, o autor insere cinco discursos que delimitam seu texto, e cada um deles tem uma função específica na narrativa eclesial. Um deles se refere especificamente à missão dos discípulos. Ele oferece exortações e ensinamentos sobre como deve ser a continuidade da obra de Jesus Cristo e a participação dos seguidores na Paixão, inclusive com a entrega da própria vida.

A definição anterior corresponde ao discurso:

a) do *Sermão da montanha*.
b) apostólico.
c) em parábolas.
d) eclesiástico.

4. Sobre as comunidades nas quais foram escritos os textos de Marcos e de Mateus, é possível afirmar:
   I. A comunidade de Marcos era formada majoritariamente por judeu-cristãos, e a comunidade de Mateus, por cristãos de origem pagã.
   II. A comunidade de Marcos vivia um contexto difícil, de conflitos e guerra. Uma ameaça à vida de fé da comunidade era também a corrente gnóstica, que tendia a distanciar o cristianismo da realidade histórica vivida. Por esses e por outros motivos, a obra de Marcos oferece fundamento à fé da comunidade, que não deve estar alheia à realidade humana, mas ver norma na vida concreta de Jesus e de seus discípulos e, assim, ser capaz de atualizar em seu meio a práxis libertadora do Cristo.
   III. A comunidade de Mateus viveu um forte conflito com o judaísmo após os anos 70 d.C. Provavelmente, nesse momento, os judeu-cristãos já estivessem separados das sinagogas. Outras questões que a comunidade de Mateus enfrentava envolviam problemas de coerência no modo de viver cristão, de maneira que o autor insiste na práxis de produzir bons frutos.

   Agora, assinale a alternativa correta:

   a) Está correta somente a afirmativa III.
   b) Estão corretas todas as afirmativas.
   c) Estão corretas somente as afirmativas II e III.
   d) Estão corretas somente as afirmativas I e III.

5. O Evangelho segundo Mateus dá ênfase à presença de Jesus no meio da Igreja, que emoldura toda a obra. De acordo com a teologia desse evangelista, marque V para as afirmativas verdadeiras e F para as falsas:

( ) Mateus interpreta Jesus como o *Emanuel*, do qual fala a profecia de Isaías.
( ) Nesse evangelho, a presença de Jesus é apenas escatológica, confirmada pelo discurso escatológico.
( ) O autor não faz distinção entre as etapas da salvação, o tempo do cumprimento e o tempo da Igreja. Para Mateus, o tempo da Igreja acontece já no tempo do cumprimento da promessa.
( ) A presença de Jesus é garantida apenas depois da parúsia.

Agora, assinale a alternativa que apresenta a sequência correta:

a) V, F, V, V.
b) V, F, F, V.
c) V, F, V, F.
d) V, V, F, F.

Atividades de aprendizagem

Questões para reflexão

1. Faça uma leitura da primeira parte do Evangelho segundo Marcos (Mc 1-8,26) e anote o nome de quem faz a pergunta sobre a identidade de Jesus – Quem é Jesus? – e em qual momento ela ocorre.

2. Faça uma análise comparativa da narrativa da perícope sobre *Os vendedores expulsos do Templo* presente nos três Evangelhos Sinóticos (Mc 11,15-17; Mt 21,12-17; Lc 19,45-46).

3. O Evangelho segundo Marcos é marcado pela teologia do discipulado. Nele, cada discípulo e cada discípula deve voltar à Galileia e fazer caminho com o mestre, a fim de lembrar que o Cristo glorioso é o Jesus histórico. Pode existir uma interpretação errada no

cristianismo atual desligando o Jesus pós-pascal do Jesus pré-pascal? Você pode identificar essa situação? Qual contribuição ou prejuízo ela traz para a evangelização feita nas Igrejas atuais?

4. O Evangelho segundo Mateus é o *Evangelho da justiça*. O autor apresenta a justiça como vontade de Deus, e sua realização é missão de todo cristão. É possível estabelecer uma ponte entre o modelo de justiça ensinado por Mateus e o cenário econômico brasileiro?

Atividade aplicada: prática

1. Faça uma pesquisa com os cristãos de sua comunidade para investigar como eles conhecem Jesus. Elabore um questionário com perguntas como: Quem é o Cristo apresentado no Evangelho segundo Marcos e no Evangelho segundo Mateus? Você o conhece? Qual relevância Jesus tem em sua vida prática?

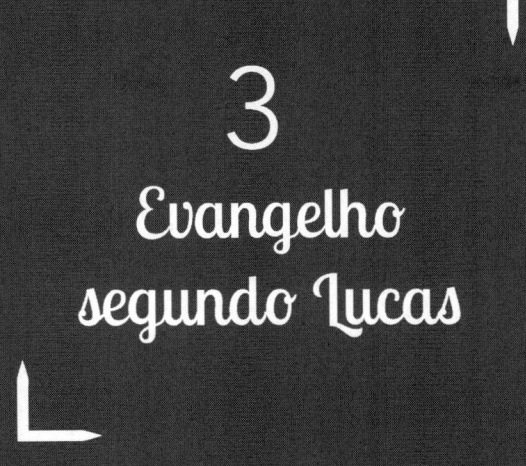

3
Evangelho segundo Lucas

Neste capítulo, apresentaremos o terceiro Evangelho Sinótico, o texto de Lucas.

Assim como fizemos na análise dos outros dois evangelhos, os temas que abordaremos em relação à obra de Lucas são: autoria, fontes utilizadas na composição do texto, local e data de composição, geografia e finalidade teológica. Além disso, faremos uma exposição do conjunto geral da obra, explicando a teologia que ela expõe.

3.1 Introdução ao texto de Lucas

O autor do Evangelho segundo Lucas é considerado o mais ousado escritor do Novo Testamento. Isso porque ele produziu a obra mais extensa do cânon bíblico neotestamentário: o Evangelho segundo Lucas e o Livro dos Atos dos Apóstolos. Em seu conjunto, o material de Lucas "representa o empreendimento literário mais ambicioso do cristianismo primitivo, que pela primeira vez procurava autocompreender-se no marco da História da Salvação" (Carmona, 2012b, p. 268-267).

Lucas por vezes é chamado de *historiador* porque narra a **história da salvação dentro da história humana**. Prova disso são as informações que seu texto oferece ao leitor, por exemplo, quando "indica as coordenadas da atividade pública de Jesus" (Casalegno, 2003, p. 218); ao mencionar que os fatos referentes a João Batista e à infância de Jesus acontecem no tempo no qual Herodes é rei da Judeia (Lc 1,5); quando fala do "edito de César Augusto, ordenando o recenseamento de todo o mundo habitado. Esse recenseamento foi o primeiro enquanto Quirino era governador da Síria" (Lc 2,1-2); no relato da Paixão, quando cita Herodes Antipas (23,6-16); no livro dos Atos dos Apóstolos, quando, ao narrar sobre *Pedro e João diante do Sinédrio* (At 4,1-22), menciona personagens do Sinédrio que correspondem ao quadro histórico da época, como "o sumo sacerdote Anás, e também Caifás, Jonatas, Alexandre e todos os que eram da linhagem do sumo sacerdote" (At 4,6); também na menção à morte de Herodes Agripa I (At 12,21-23); ou ainda quando narra a notícia: "sendo Galião procônsul da Acaia" (At 18,12); entre muitas outras (Casalegno, 2003). Todavia, tanto a história quanto a geografia lucana estão voltadas para a intenção teológica do autor.

O Evangelho segundo Lucas é o único dentre os sinóticos que tem um prólogo explicativo. O livro dos Atos dos Apóstolos, obra continuadora do caminho da salvação, é iniciado igualmente com um prólogo que, inclusive, faz ligação entre os dois textos.

A sensibilidade lucana transparece nas cenas em que o evangelista modifica e adapta suas fontes (sobretudo Marcos) de acordo com a finalidade de sua obra. Por exemplo, Lucas omite a informação de Marcos que se refere à dificuldade dos discípulos de compreenderem o messianismo de Jesus (Mc 8,22-26); e até altera o que relata em alguma perícope, como no caso do desprezo em relação a Jesus pelos moradores de Nazaré, em que Marcos menciona "sua pátria", "sua parentela", inclusive os de "sua casa" (Mc 6,1-5), e Lucas resume somente a "pátria" (Lc 4,24). Também o desapego às posses é uma particularidade no material lucano, tanto nos documentos exclusivos do autor quanto nas mudanças que ele faz no material que usa de Marcos (Lc 4,1.28; 9,3).

O início do ministério de Jesus é descrito por Lucas com base na profecia de Isaías (Is 61,1-2), um pouco retocada pelo autor. Nela, o ano da graça do Senhor é inaugurado com Jesus de Nazaré no "hoje", que é o tempo da salvação. O grande profeta Jesus, maior do que qualquer outro do passado de Israel, é a própria visita de Deus a seu povo.

A narrativa lucana ressalta o papel do Espírito Santo. Ele está sempre presente e conduz ao caminho da salvação. A alegria e a oração são temas importantes no terceiro Evangelho, e o amor misericordioso de Deus tem forte expressão no Capítulo *As três parábolas da misericórdia* (Lc 15).

O Evangelho segundo Lucas termina em Jerusalém, e lá há um propósito: o anúncio de Jesus Cristo deve chegar "até os confins da terra" (At 1,8), que se dá no tempo da Igreja, no livro dos Atos dos Apóstolos.

3.1.1 Fontes do texto de Lucas

Lucas, no início de sua obra, fala da investigação e do cuidado observados por ele para oferecer ao leitor um relato que traga informações seguras à fé (Lc 1,3). No prólogo, o autor dá a entender que "a fonte para todo o livro é uma geração precedente a dele: 'as testemunhas oculares e ministros da Palavra'" (Brown, 2012, p. 328). Tal consideração não parece contradizer o pensamento atual predominante: Lucas tem como fonte o material de Marcos, que "constitui o alicerce de toda obra" (Carmona, 2012b, p. 344). O evangelista também teve acesso, assim como Mateus, a uma fonte de sentenças de Jesus, a chamada *fonte Quelle* (Q); e a um material exclusivo que só ele conheceu, designado pela letra *L*, o qual constitui, aproximadamente, um terço da sua obra narrativa.

3.1.2 Formas literárias do texto de Lucas

Lucas é o autor evangélico que mais tinha domínio da língua grega. Por isso, ele utilizou diversas formas literárias do grego para construir sua obra e, assim, desenvolveu um texto riquíssimo em variação de palavras, diferentemente de Marcos. Para os estudiosos, "Lucas constrói um estilo, o melhor do Novo Testamento, e que se apresenta melhor nos Atos do que no Evangelho, já que naquele escreve com mais liberdade, e neste, segue a Marcos, se bem que o melhore discretamente" (Carmona, 2012b, p. 277). Contudo, é importante termos clareza de que, para além de um estilista, Lucas era um pastor, e sua linguagem é usada de acordo com o propósito de sua fé; assim, é possível compreendermos os recursos que ele usa em sua narrativa.

O autor é considerado o teólogo das etapas da história da salvação (Bovon, 1985), pois, como já mencionamos, ele apresenta a salvação concretamente inserida na história da humanidade. Para isso, ele oferece indicações temporais e espaciais, características próprias da *historiografia*.

Lucas, então, desenvolve uma narrativa histórica que é constituída por etapas: a primeira está no **tempo da promessa** – que abrange a experiência de Israel com seu Deus –, é o mesmo tempo da Antiga Aliança, em que se esperava o cumprimento dos tempos messiânicos –; havia também o **tempo do cumprimento** –, que, para o autor, abrange a encarnação, a vida, a Paixão, a morte e a ressurreição do Senhor Jesus, a Nova e eterna Aliança. E o **tempo da Igreja**, de que falaremos posteriormente.

Por meio da dinâmica do recurso *promessa-cumprimento*, o evangelista une acontecimentos porque desenvolve uma história que é parte de um projeto divino. Assim, entrelaça promessas – que podem ser anúncios, projetos, pregação – com suas realizações (cumprimento). Exemplos desse recurso são as citações do Antigo Testamento (Lc 3,4-6; 4,18-19; At 2,17-21) ou a perícope das tentações, quando menciona no final o retorno do tentador (Lc 3,13; 22,3-6).

Na obra de Lucas, aparecem com frequência metáforas e discursos, coros e sumários. Uma característica da sensibilidade do evangelista são os detalhes com os quais narra várias cenas. Por exemplo, no relato da transfiguração, em que descreve o rosto de Jesus, que se transforma enquanto ora (Lc 9,28); no monte das Oliveiras, quando Jesus enfrenta um grande combate interior a ponto de suar gotas de sangue (Lc 22,44); e quando Pedro se depara com a grandeza do Mestre Jesus e experimenta sua pobreza (Lc 5,1-11).

Outras formas literárias utilizadas na narrativa lucana são as seguintes:

- **Gênero banquete** – Inclui as passagens *A pecadora perdoada* (Lc 7,36-50), *Contra os fariseus e os legistas* (Lc 11,37-54) e as perícopes *A escolha dos lugares* e *A escolha dos convidados* (Lc 14,1-24).
- **Discurso de despedida** – É uma forma narrativa que aparece na passagem *Os dois discípulos de Emaús* (Lc 24,13-38).

- **Paralelismos** – São empregados especialmente nas cenas que compõem o chamado *Evangelho da infância*: duas anunciações (Lc 1,5-25 e 1,26-38); dois cânticos (Lc 1,46-56; 1,67-79); duas circuncisões (Lc 1,59-66); dois nascimentos (Lc 1,57-58; 2,120); duas passagens sobre a vida oculta (Lc 1,80; 2,39-40). No desenvolvimento da narrativa, mais adiante, novamente encontramos paralelos, assim como entre o Evangelho e o livro dos Atos dos Apóstolos. Exemplos desse recurso entre as duas obras são os milagres de ressurreição – no Evangelho, realizados por Jesus, e no livro dos Atos dos Apóstolos, realizados por Pedro e Paulo (Lc 7;11-17; 8,49-56; At 9,36-43; 20,7-12) –; igualmente, as orações – a de Jesus, no Evangelho, e de Estevão, no livro dos Atos dos Apóstolos, pedindo para que seus inimigos sejam perdoados (Lc 23,34; At 7,60) –; e também no caso das prisões de Jesus (Lc 22,1) e de Pedro (At 12,3).

Com certa frequência, o narrador combina **sumários-episódios concretos-sumários**, o que lhe permite apresentar um estilo ágil e boas informações no conteúdo de seu texto.

3.1.3 Geografia no texto de Lucas

O Evangelho segundo Lucas, assim como o Evangelho segundo Mateus, narra o chamado *Evangelho da infância*. Dessa forma, a geografia apresentada na narrativa do nascimento e da vida oculta de João Batista e de Jesus está disposta conforme a intenção do autor em apresentar seus paralelos e, provavelmente, está de acordo com algum material que Lucas teve a sua disposição. Ela se desenvolve da seguinte forma:

- Enquanto para Zacarias a anunciação é feita no Templo (Lc 1,8) em Jerusalém, na região da Judeia, para Maria ela ocorre em Nazaré, na região periférica da Galileia (Lc 1,26). Logo depois, Maria

percorreu o caminho em direção à Judeia, com a finalidade de visitar sua prima Izabel, grávida de João Batista. Na cidade de Izabel aconteceu o encontro da mãe do profeta, precursor de Jesus, e a mãe do Messias prometido a Israel.
- Maria então retornou a Nazaré, como menciona o texto (Lc 1,56). Mas o decreto de César sobre o recenseamento colocou a Sagrada Família em direção à Judeia, especificamente a uma cidade chamada *Belém*, porque José era da casa e da família de Davi (Lc 2,1-7). É de Belém que deveria vir o Messias, conforme a profecia de Miqueias (Mq 5,1-3). Na sequência, Jesus menino é apresentado em Jerusalém (Lc 2,22-27) para cumprir a Lei.
- A família de Jesus retornou à Galileia, para Nazaré, onde Jesus permaneceu (Lc 2,39-40), embora com frequência subisse a Jerusalém para a festa da Páscoa, conforme relatado no episódio em que Jesus estava entre os doutores do Templo (Lc 2,41). As narrativas relativas à infância são concluídas com Jesus de volta a Nazaré, onde permaneceu até iniciar seu ministério (Lc 2,51-52).

Na geografia referente ao ministério de Jesus, em que apresenta o início, o caminho percorrido e sua conclusão, assim como no texto de Mateus, Lucas segue a fonte de Marcos: Galileia, Judeia e Jerusalém.

A Galileia é o lugar onde Lucas centraliza o ministério de Jesus. Grande destaque tem o agrupamento geográfico lucano que se refere ao caminho de Jesus até Jerusalém. Lucas é, dentre os evangelistas sinóticos, o que melhor desenvolveu essa viagem, utilizando praticamente dez capítulos para seu relato (Lc 9,51-19,28). Enfim, ele apresenta ao leitor o destino dessa grande viagem: Jerusalém.

Diferentemente de Marcos e de Mateus, que concluíram suas obras sublinhando a presença de Jesus e dos discípulos na Galileia, Lucas preocupou-se em mantê-los em Jerusalém (Lc 24,33.47.49.52). Isso porque sua obra continua na narrativa do tempo da Igreja, no livro dos Atos dos Apóstolos, tempo que teve início em Jerusalém, lugar de realização da promessa do envio do Espírito Santo (Lc 24,49; At 1,8; 2,1.5).

3.1.4 Estrutura do texto de Lucas

A estrutura geral do Evangelho segundo Lucas apresenta-se da seguinte forma:

1ª seção: Introdução ao Evangelho (Lc 1,1-4,13)
- O prólogo. Apresentação da intenção do autor do Evangelho de Lucas (Lc, 1,1-4).
- O relato sobre a infância de Jesus (Lc 1,5-2,52).
- Apresenta um díptico introdutório com a atividade de João Batista e a unção de Jesus como profeta solidário e provado (Lc 3,1-4,13).

2ª seção: A atividade de Jesus na Galileia (Lc 4,14-9,50)
- Apresentação do programa do ministério de Jesus (Lc 4, 14-5,16).
- Material polêmico (Lc 5,17-6,11).
- O Sermão da planície (Lc 6,12-49).
- Os sinais dos tempos messiânicos (Lc 1,1-50).
- As parábolas (Lc 8,1-21).
- Os novos sinais (Lc 8,22-56).
- A conclusão da atividade de Jesus na Galileia (Lc 9,1-50).

3ª seção: O caminho de Jesus a Jerusalém (Lc 9,51-19,28)
- Introdução da viagem a Jerusalém (Lc 9,51-56).
- Primeira etapa da viagem (Lc 9,57-10,37).
- Segunda etapa da viagem (Lc 10,38-13,21).
- Terceira etapa da viagem (Lc 13,22-14,24).

- Quarta etapa da viagem (Lc 14,25-17,10).
- Quinta etapa da viagem (Lc 17,11-18,30).
- Sexta etapa da viagem (Lc 18,31-19,28).

4ª seção: A atividade de Jesus em Jerusalém (Lc 19,29-24,53)
- A chegada a Jerusalém e a atividade de Jesus no Templo (Lc 19,29- 24,53).
- O dia dos ázimos: a Eucaristia (Lc 22,1-38).
- A paixão e morte de Jesus (Lc 22,39- 23,56).
- A aparição de Jesus e sua ascensão (Lc 24).

Fonte: Elaborado com base em Carmona, 2012b, p. 284-285.

3.2 Informações sobre o autor, o local e a datação da obra

O Evangelho segundo Lucas também surgiu como uma obra anônima. Porém, da mesma forma como faz com os outros sinóticos, a tradição cristã oferece informações sobre seu possível autor, identificando-o com alguém próximo do círculo apostólico. Então, desde o segundo século, a obra é atribuída a Lucas, companheiro de Paulo, médico de profissão, um personagem mencionado nas cartas paulinas: "Saúdam-vos Lucas, o médico amado, e Demas" (Cl 4,14); "Saudações de Epafras, meu companheiro de prisão em Cristo Jesus, de Marcos, Aristarco, Demas e Lucas, meus colaboradores" (Fm 1,23-24). Entre os nomes na Antiguidade que atestam Lucas como autor do evangelho estão: "Irineu [...], Orígenes, Eusébio e Jerônimo" (Karris, 2011, p. 217).

Portanto, o autor do evangelho é mesmo Lucas, um discípulo não imediato a Jesus, mas que fez parte da segunda geração cristã. A maioria dos biblistas acredita que esse evangelista é "de origem gentílica"

(Carmona, 2012b, p. 332), originário da Antioquia da Síria (Brown, 2012, p. 380). Também é um homem culto, conhecedor do Antigo Testamento e considerado bom historiador e escritor (Bovon, 1985, p. 281).

Lucas compôs sua obra depois de Marcos, de cuja autor é dependente, assim como Mateus o foi. Consequentemente, a datação da narrativa lucana tem de ser posterior à de Marcos. Seu prólogo insinua um período de elaboração e de organização das tradições. O texto supõe a destruição de Jerusalém (Lc 3,35; 19,43; 21,5-36); os problemas de sua comunidade são próprios da segunda geração cristã; e ele não reflete os conflitos entre a comunidade cristã e a sinagoga nem a grande perseguição dos cristãos, que ocorreu entre os anos de 81 e 96 d.C., durante o governo de Domiciano, situações que levam a considerar sua composição entre os anos 80 e 90 d.C. (Carmona, 2012b; Karris, 2011).

Quanto ao local da composição, pressupondo a ideia que considera o autor como originário da Antioquia da Síria, existe uma forte razão para situá-la nesse mesmo local (Karris, 2011).

3.3 Desenvolvimento do texto de Lucas

Lucas é o único evangelista, dentre os sinóticos, que inicia sua obra com um prólogo (Lc 1,1-4). Nele, o narrador apresenta sua intenção de fortalecer e de confirmar a fé da comunidade: "para que verifiques a solidez dos ensinamentos que recebeste" (Lc 1,4).

Assim como Mateus, Lucas narra o Evangelho da infância, porém de forma bem diferente daquele autor, obviamente, de acordo com suas expectativas teológicas.

Essa narrativa tem início e fim na cidade de Jerusalém, mas o autor leva a Sagrada Família à Belém para cumprir as escrituras sobre o nascimento do Messias (Lc 2,3-7). Na obra, o nascimento de Jesus é narrado sob a perspectiva de Maria (Lc 1,26-38) e quem visita o menino são os pastores. No louvor dos anjos, é mencionada a paz: "Glória a Deus no mais alto dos céus e paz na terra aos homens que ele ama" (Lc 2,14), o que acena ao tempo messiânico, que deve ser de paz. No desenvolvimento da obra, o verbo *ver* tem sentido importante, conforme narra o autor: no início, os pastores **viram** o menino (Lc 2,17); os discípulos de João Batista podiam **ver** as obras de Jesus (Lc 7,22) e Jesus **via** as pessoas (Lc 7,13).

O narrador faz questão de falar da circuncisão de Jesus e de sua apresentação no Templo, porque, desse modo, confirma a pertença de Jesus ao povo judeu. Além do mais, as figuras de Simeão e de Ana como anciãos remetem à Antiga Aliança e a seu "envelhecimento" (Bovon, 1985, p. 217); também a Epístola aos Hebreus fala sobre o envelhecimento da Antiga Aliança (Hb 8,13). Simeão e Ana representam o tempo da promessa que se encontra com o tempo do cumprimento (Lc 2,38). Assim, encerra-se a profecia porque ela já está presente, realizada em Jesus de Nazaré.

Também João Batista figura o tempo da promessa, como profeta. Como *Batista*, ele é participante da realização e, por ser contemporâneo de Jesus, foi seu precursor na preparação do caminho (Lc 3,4-6). A obra segue com a pregação de João Batista e menciona, em seguida, sua prisão, antes do batismo de Jesus (Lc 3,19-22), organização cronológica que posiciona juntos os acontecimentos relativos a João.

A genealogia de Jesus no texto de Lucas tem origem em Adão (Lc 3,38), arquétipo de todos os homens, filho de Deus, diferentemente da que compõe Mateus, para o qual tem destaque a figura de Abraão. O que cada autor pretendia com sua genealogia era ensinar de acordo com o público que tinha a sua frente. No caso de Lucas, tratava-se de uma comunidade com maioria cristã-gentílica, e não judaico-cristã, como a de Mateus. Além disso, o texto aponta a universalidade da salvação, tema caro a Lucas, que já ganha relevância no início do evangelho e é mais bem desenvolvido no livro dos Atos dos Apóstolos.

O bloco seguinte relata o ministério de Jesus na Galileia, que se inicia com a cena de Cristo na sinagoga de Nazaré, na qual ele concentrou todo o projeto de seu ministério, baseado na profecia de Isaías (Lc 4,16-22). Uma informação interessante é a de que geralmente as pequenas sinagogas da época possuíam, além do livro da Torá e do Livro dos Salmos, o rolo do livro do profeta Isaías. Há grande significado no fato de Jesus se identificar com essa profecia, da qual ele mesmo se torna realizador (Lc 4,21). A leitura e a interpretação dela causa admiração por se tratar de uma profecia conhecida e esperada por Israel, embora Lucas a tenha usado com algumas alterações.

Essa profecia pressupunha exatamente o ano do jubileu: um tempo em que o próprio Deus visitaria seu povo para fazer sua justiça. O primeiro versículo fala do Espírito que repousa sobre Jesus e o consagra: Jesus é o enviado de Deus, que tem seu poder e realiza sua vontade. Os destinatários privilegiados do Reino são os pobres, mencionados também nas bem-aventuranças (Lc 6,20) e na resposta aos discípulos de João (Lc 7,22) – em paralelo ao texto de Mateus (Mt 11,5), ambos os trechos baseados na fonte Q.

Esse último evento, anunciado por Jesus como aquele que o estabeleceria, deve ser o que mais chamou a atenção na sinagoga de Nazaré. O tempo presente, no qual se cumprem as Sagradas Escrituras por meio da pessoa de Jesus, revela a interpretação dele como enviado de Deus para fazer a vontade do Pai e instaurar o Reino. Tais leitura e intepretação logo encontraram oposição (Lc 4,28-30). A menção da viúva de Sarepta e do sírio Naamã apontava para a ruptura com a sinagoga e a universalidade do Evangelho, que atinge os pagãos.

Muitas vezes, o autor faz referência em sua obra a Elias e a Eliseu, profetas importantes na história de Israel. Isso ocorre porque, em Lucas, Jesus é um grande profeta, maior do que qualquer outro do passado. Aliás, ele é a própria profecia realizada.

Após essa apresentação, as curas e os ensinamentos de Jesus passam a ser expressão da realização de seu ministério de salvação. Na perícope da *Vocação dos quatro primeiros discípulos* tem destaque a figura de Pedro e sua vocação (Lc 5,10). Nos detalhes da colocação das palavras por Lucas, interessante é o progresso da compreensão de Pedro a respeito de Jesus no relato: ao ouvi-lo, o discípulo o chamou de "Mestre" (Lc 5,5), mas, diante do poder da palavra de Jesus, passou a chamá-lo de "Senhor" (Lc 5,8).

A narrativa segue com mais curas, discussões, ensinamentos e outros eventos, como a *Vocação de Levi* (5,27-28) e a *Escolha dos doze* (Lc 6,12-16), apresentando, enfim, *As bem-aventuranças* (Lc 6,20-23), texto da fonte Q que Mateus situa na montanha, enquanto Lucas o faz na planície (Lc 6,17). Seguem ao discurso a passagem *As maldições* (Lc 6,24-26) – os quatro "ais", trabalho redacional de Lucas relacionada à partilha de bens, dirigido aos ricos de sua comunidade (Karris, 2011).

No capítulo 7, é mostrado que Jesus foi a Cafarnaum e se encontrou com a fé de um centurião romano (Lc 7,3); depois, realizou o milagre da *Ressurreição do filho da viúva de Naim* (Lc 7,11-17), no fim da qual foi reconhecido como "grande profeta", por meio do qual Deus visitou seu povo (Lc 7,16). A pergunta sobre a identidade de Jesus feita pelos discípulos de João (Lc 7,19.20), que aparece duas vezes na passagem subsequente, surge também em vários momentos da obra (Lc 4,22b; 5,21; 7,49; 8,25b; 9,9b) e finalmente, na *Profissão de fé de Pedro* (Lc 9,18-21).

Lucas é o único evangelista que menciona a companhia feminina de Jesus (8,1-3) e é o autor que mais menciona as mulheres. Basta uma leitura do livro dos Atos para compreender o lugar delas como discípulas de

Jesus. Na sequência, o evangelho traz ensinamentos e curas, exorcismo e mais um milagre de ressurreição da única filha de Jairo (Lc 8,49-56). É interessante notar que Lucas faz questão de assinalar a condição de filha *única*; igualmente, o filho da viúva de Naim era *único*.

No capítulo 9, logo após a profissão de fé de Pedro, ocorre *O primeiro anúncio da Paixão* (Lc 9,22). Logo adiante, a perícope *A transfiguração* menciona Jerusalém como lugar onde Jesus cumpriria sua missão e seria exaltado pelo Pai (Lc 9,28-36).

Enfim, Jesus tomou o caminho de Jerusalém (Lc 9,51). Lucas dedica quase 10 capítulos de seu texto para descrever os eventos dessa viagem (Lc 9,51-19,28) e, durante a narrativa, retoma diversas vezes essa informação (Lc 9,57; 10,38; 13,22; 13,33; 17,11; 18,31; 19,1; 19,11).

O relato apresenta *A missão dos setenta e dois discípulos* (Lc 10,1-16), mais ampla em relação à missão dos doze: enquanto esta era a prefiguração da missão dirigida a Israel, a missão dos setenta e dois era dirigida aos gentios. A passagem é exclusiva de Lucas e ganha grande importância quando nos lembramos da característica que compunha a comunidade lucana: ela era formada, em sua maioria, por gentio-cristãos. O grupo dos setenta e dois compartilhava também da autoridade de Jesus (Lc 10,17).

A *Parábola do bom samaritano* (Lc 10,29-37) sublinha os destinatários do Reino: todos aqueles que o aceitassem. Os samaritanos[1] constituíam um grupo à margem do judaísmo, mas, na parábola, era em um deles que mostrava compaixão e se tornava o próximo do viajante machucado

---

1 Os samaritanos eram "separados da ortodoxia judaica [...] habitavam a região central da Palestina, chamada 'Samaria', que de 6 d.C. a 41 d.C. ficou sob administração romana direta, representada pelo procurador ou governador residente em Cesareia. Eles eram considerados heréticos ou cismáticos pelos judeus e, no aspecto religioso, equiparados aos pagãos, porque não reconheciam o lugar de culto legítimo, o templo de Jerusalém, nem observavam todas as minuciosas prescrições legais. Descendentes dos antigos israelitas do reino do Norte, mesclados com as populações importadas pelos assírios (722 a.C., queda da Samaria), eram uma raça híbrida e desprezada. Conservavam, porém, o patrimônio religioso e cultural que se unia às antigas tradições bíblicas. O seu texto sagrado era constituído pelos primeiros cinco livros da Bíblia, o Pentateuco, e Moisés era considerado o grande legislador e profeta. Praticavam a circuncisão; veneravam o Senhor único no monte Garizim, que dominava a antiga Siquém e sobre o qual, desde os séculos IV ou III a.C., erguia-se um templo, destruído em 129 a.C. por João Hircano; esperavam um messias de caráter profético e sacerdotal, 'aquele que virá', ou o 'restaurador', chamado *taheb* na língua deles" (Bíblia, 1991, p. 160).

(Lc 10,25.29.36-37). Já os que estavam presos à Lei, numa interpretação alienadora, não eram capazes de se abrir ao caminho da salvação.

O tema da oração tem destaque na perícope *O Pai-nosso* (Lc 11,1-4), que precede a parábola *O amigo importuno* (Lc 11,5-8) e a da *Eficácia da oração*, significativamente. Em Lucas, a oração do Pai-nosso é mais breve do que a versão de Mateus, "mas também menos escatológica" (Brown, 2012, p. 351). Questões sobre riqueza e abandono à providência divina também ganham destaque nessa etapa da narrativa (Lc 12,33-34).

A difícil postura dos fariseus e dos legalistas (Lc 11,37-53), em contraste com as atitudes de obediência e de vigilância dos cristãos (Lc 12,22-32; 12,35-48) e a ruptura ética que caracterizava os que pertenciam a Deus e criam em Jesus como Senhor, é demonstrada por meio de uma nova maneira de se relacionar (Lc 11,27-28; 14,25-27) e da renúncia aos bens e aos privilégios sociais (Lc 12,13-33; 14,28-33). Entre os que acolhiam a mensagem e os que a rejeitavam, ficava a clara oposição citada na passagem que coloca Jesus como motivo de divisão (Lc 12,51-53). A preocupação com as regras judaicas (Lc 13,14-17; 14,1-6) sublinha cada vez mais essa rejeição ao Messias (Lc 13,22-30) e, como consequência, havia a abertura aos pagãos (Lc 13,29). O autor continua a acentuar Jesus como Messias na linha dos profetas sofredores (Lc 13,34-35).

As parábolas do capítulo 15 têm importância central na obra lucana. Elas falam da *misericórdia*, tema muito importante para Lucas. Nelas, Jesus veio para recuperar o que estava perdido, como se percebe na parábola *A ovelha perdida* (Lc 15,4-7) ou *A dracma perdida* (Lc 15,8-10). Mais do que isso, o evangelista apresenta o pai misericordioso de braços abertos esperando o filho arrependido. Enquanto isso, o filho mais velho, que representa Israel, enchia-se de inveja (Lc 15,11-32), pois "a extensão da benevolência endureceu o coração dos primeiros beneficiados" (Bovon, 1985, p. 229). Nesse sentido, vale observar que o capítulo 15 do Evangelho segundo Lucas começa explicando que quem ouvia Jesus de perto eram, de um lado, os publicanos e os pecadores (Lc 15,1) e, de outro, os fariseus e os escribas, que murmuravam (Lc 15,2). A estes últimos, fechados diante da verdade de Jesus, dirigia-se também a parábola.

Na sequência, o texto acentua a questão sobre o uso do dinheiro (Lc 16,9-15. 19-31). Essa é uma preocupação que aparece mais de uma vez no evangelho e que se justifica visto que a comunidade lucana contava com membros que tinham posses. Por isso, diante dessa realidade, a postura do evangelista diz respeito a como sua comunidade deveria fazer uso de seus bens e como tinha o dever de cuidar dos pobres da Igreja.

O capítulo 17 começa com a retomada do ensinamento de Jesus aos discípulos (Lc 17,1), dirigido depois aos fariseus (Lc 17,20-21), e segue com uma perspectiva escatológica sobre a parúsia e o Filho do Homem (Lc 17,22-37). Quando Lucas acaba de relatar a cura de dez leprosos, deparamos com a pergunta dos fariseus sobre o Reino (Lc 17,20-21). Esse também era um problema da comunidade lucana: enquanto o momento era bom, não havia preocupação com a parúsia, mas diante das perseguições e dos conflitos, a comunidade se inquietava (Lc 18,1-8). Também ela não era capaz de ver os sinais e, por vezes, Jesus a censurava, conduzindo-a em seus ensinamentos (Lc 18,9-14). Embora o texto mencione os fariseus, ele também é dirigido à comunidade, confirmando que a justiça de Deus não é como a dos homens. O bonito testemunho de Zaqueu é sinal de fé e conversão (Lc 19,1-10). O chamado de Jesus que acontece no hoje da vida daquele homem e o transforma desde sua prática de vida (Lc 19,8) se dá no tempo presente, no qual acontece a salvação (Lc 19,9).

Na próxima etapa do evangelho, inicia-se o ministério de Jesus em Jerusalém (Lc 19,28). A rejeição por parte dos líderes do judaísmo, já citada no início desse ministério, aparece novamente (Lc 19,39), com destaque para o amor de Jesus pelo povo de Deus (Lc 19,41-42). A mensagem sobre a queda de Jerusalém tem raiz nos textos veterotestamentários, nas profecias anunciadas por Jeremias, Isaías e Oseias. O lamento de Jesus se encontra com a angústia e as frustrações desses grandes profetas do passado (Karris, 2011).

Lucas relata, como os outros evangelistas sinóticos, o conflito ocorrido no Templo (Lc 19,45-46), lugar ao qual Jesus ia com frequência para ensinar e no qual encontrava oposição (Lc 19,47-48). Os assuntos propostos pelos responsáveis diretos do judaísmo – escribas, saduceus e chefes dos sacerdotes – têm a finalidade de colocar Jesus à prova, incriminá-lo e justificar sua morte (Lc 20,1-8.19; 20-26; 27-40).

Assim como nos textos de Marcos e de Mateus, as passagens de cunho apocalíptico também estão presentes no Evangelho segundo Lucas. Elas retratam as perseguições e a destruição de Jerusalém (Lc 21,5-28) e exortam à vigilância e à percepção dos sinais (Lc 21,29-36).

Na narrativa da Paixão e da morte de Jesus, concentrada nos capítulos 22 e 23, "Jesus aparece como modelo de tudo o que tem ensinado e morre entregando confiantemente seu espírito ao Pai" (Carmona, 2012b, p. 288). A sensibilidade de Lucas transparece na perícope *O "bom ladrão"*, na qual reaparece o presente da salvação àquele que se abre ao Reino de Deus (23,39-43).

Da mesma maneira que Mateus, Lucas narra mais situações do que Marcos no relato da ressurreição de Jesus: o sepulcro vazio e o anúncio que é feito pelas mulheres deviam encher de esperança os discípulos (Lc 24,1-10). Um material exclusivo de Lucas conclui o evangelho: os discípulos que traziam na face uma expressão de frustração e de desânimo (Lc 24,17b) tiveram uma experiência com o Jesus ressuscitado, fato que os levou a uma conversão de caminho e de compreensão (Lc 24,31-33).

O texto ainda relata a experiência do ressuscitado com os apóstolos, quando Jesus comeu com eles e lhes deixou suas instruções. A passagem retoma o cumprimento das Sagradas Escrituras, explicado igualmente aos discípulos de Emaús (Lc 24,25-27.44-48). Na perícope das *Últimas instruções aos apóstolos* (Lc 24,48), sobressai a missão que se desenvolverá no livro dos Atos dos Apóstolos (At 1,8). Na obra de Lucas, não era a Galileia o destino dessas testemunhas, mas sim Jerusalém (Lc 24,33. 47.49.52), lugar onde, com o Pentecostes, a Igreja de Jesus Cristo se originou.

3.4 A comunidade por trás do texto de Lucas

Em seu prólogo, Lucas esclarece que sua obra era destinada a quem já tivesse recebido uma formação cristã, além de que pretendia fornecer um material que assegurasse e fortalecesse a fé dos crentes, retomando o que afirmara no início de seu texto: "para que verifiques a solidez" (Lc 1,4), referindo-se ao trabalho que realizou de forma responsável "após acurada investigação" e organizou "de modo ordenado" (Lc 1,1-3).

O texto é dedicado a certo Teófilo, nome composto por duas palavras gregas (*theo* + *filos*) e que significa "amigo de Deus". Esse personagem pode ser "Talvez protetor de Lucas" (Karris, 2011, p. 223), quem sabe alguém que possa ter financiado a obra, mas que representa um público bem mais amplo que necessitava de aperfeiçoamento na fé: a comunidade lucana.

Seja como for, o destinatário do Evangelho segundo Lucas é também todo aquele que acolhe a fé em Jesus Cristo e tem sede de conhecê-la por meio dos fatos narrados pelo evangelista.

3.4.1 Questões da comunidade de Lucas

Duas são as problemáticas que envolviam a comunidade de Lucas: a interna e a externa. A seguir, apresentamos algumas explicações sobre cada uma delas.

- **Problemática interna** – A comunidade de Lucas era formada por um grupo de pessoas que já confessavam a fé em Jesus como Senhor e certamente haviam recebido uma catequese (assim informa o prólogo do evangelho). Porém, a comunidade necessitava de algo mais contundente e sólido para assegurar os crentes diante dos problemas que o grupo enfrentava. Por isso, a obra de Lucas é fundamentalmente uma catequese que narra o "caminho profético salvador, anunciado no Antigo Testamento, começando a cumprir-se por Jesus durante seu ministério" (Carmona, 2012b, p. 339). A obra de Lucas, nesses moldes, deveria ser suficiente para que a comunidade enfrentasse qualquer situação de insegurança e quaisquer conflitos.

Uma questão de grande destaque é o papel dos doze apóstolos e do Espírito Santo na narrativa lucana. O evangelista pretendia fortalecer a comunidade que tinha suas raízes de fé no grupo que fora testemunha direta de Jesus, caminhara com ele, conhecera sua vida de perto, enfim, fora testemunha ocular do ministério de Cristo. Os ensinamentos de Lucas tinham, dessa maneira, fundamento histórico importante. Os apóstolos não estavam mais presentes para assegurar os caminhos delineados pelo Senhor, mas, com base na tradição apostólica, o autor assegurava a Igreja, mediante o poder e a presença do Espírito Santo. Aquele era um momento era de muita confusão: surgiam muitos falsos profetas, havia heresias e sincretismos e a evolução doutrinal e institucional da comunidade deixava dúvidas. Esclarecer e confirmar o fundamento apostólico para a comunidade e a força e a condução do Espírito Santo era imprescindível para alcançar uma fé madura e segura. Também o grupo dos doze apóstolos e o Espírito Santo eram garantia da continuidade entre Jesus e a comunidade, visto que ela era composta, em sua maioria, por cristãos helênicos – pagãos convertidos.

- **Problemática externa** – A salvação pagã e a descrença judaica eram duas questões externas que Lucas pretendia responder e, para elas, o evangelista apresentou uma teologia do caminho.

A comunidade lucana respirava o ambiente pagão, em que se oferecia uma salvação imediata, numa lógica de poder, dinheiro e glória humana, que excluía as categorias dos fracos, miseráveis, marginalizados e, por esse motivo, causava sofrimento e exclusão. Tratava-se de uma falsa salvação.

Por sua vez, a salvação que vinha de Jesus era integral, capaz de atingir o ser humano todo e todos os seres humanos – era universal. Mais do que isso, ela era capaz de salvar cada homem e cada mulher do pecado e da morte. Os privilegiados pelo poder de Jesus eram exatamente os marginalizados – os fracos, os miseráveis, os marginalizados, os pecadores –, na contramão da lógica da salvação pagã.

Quanto à incredulidade judaica, fica a questão da legitimidade da comunidade de Lucas, predominantemente pagã, em relação às promessas feitas a Israel. Para isso, o autor dá a seguinte resposta: a salvação oferecida por Jesus tem alcance universal, ela é para todos. Os judeus foram os primeiros a quem ela foi oferecida, pois eles são o povo da Aliança. Mas o desprezo com o qual trataram o enviado de Deus, Jesus Cristo, e sua rejeição ao Reino proclamado e instaurado por ele fizeram com que fossem excluídos da salvação. Desse modo, são os cristãos que dão a nova configuração a Israel: o novo povo de Deus é composto por todos aqueles que acolhem a fé em Cristo. Assim, a comunidade lucana também está incluída na história da salvação.

3.5 Dimensão teológica do texto de Lucas

O *caminho do Senhor* é um tema teológico central no Evangelho segundo Lucas (Carmona, 2012b, p. 305). Na obra, inclusive, os personagens de grande importância fazem parte ou contribuem para com esse caminho: João Batista é aquele que o prepara (Lc 1,76; 3,4; 7,27); Maria, depressa, coloca-se nele (Lc 1,39); Jesus ensina o verdadeiro caminho de Deus (Lc 20,21), que é de paz (Lc 1,79) e se concretiza na própria vida e na missão de Jesus (Lc 1,79; 4,30.32; 7,6; 9,51.53.56.57; 10,38; 13,22.33; 17,11; 19,28.36). No final do evangelho, Jesus, após a ressurreição, manifesta-se aos discípulos no caminho (Lc 24,32) e continua conduzindo a Igreja por ele, que é o próprio Cristo (At 18,25).

O evangelista apresenta esse caminho de salvação em duas etapas, concretizadas na história da humanidade. A primeira consiste na preparação para percorrê-lo, ou seja, o Antigo Testamento, do qual João Batista é representante – João é o último e o maior entre os profetas (Lc 16,16). A fase que ele representa é a da promessa, conduzida e programada por seu grande protagonista: o próprio Deus. Nesse caminho, tudo está nas mãos de Deus e é conduzido por ele, inclusive os momentos mais difíceis, que revelam assim a fidelidade dele e gera confiança nos homens (Lc 1,55.69-80). Por isso, na leitura do texto de Lucas, encontramos as expressões *como está escrito* e *é necessário*, que confirmam os fatos como obra da vontade de Deus, porque todos os acontecimentos estão determinados por ele (Lc 2,49; 4,23; 12,12; 13,33; 18,1; 19,5; 22,7; 24,44).

De nada adianta, desse modo, opor-se a esse caminho (At 5,34-39), pois ele irá se cumprir. Todavia, é fundamental entender a mentalidade do povo judeu em relação a essa leitura. O olhar do judaísmo entende os acontecimentos de sua história como determinados por Deus. Dessa mesma maneira, os primeiros cristãos liam e entendiam as profecias veterotestamentárias à luz de Cristo. Melhor dizendo, uma vez que determinado acontecimento estivesse concretizado, a comunidade cristã procurava nas Sagradas Escrituras textos que poderiam acenar para esses eventos e, assim, usá-los para explicá-los como se fossem projetos de Deus. Portanto, é nesse sentido que se devemos compreendê-los: como cumprimento da promessa.

A João Batista coube a tarefa de marco divisor entre a fase da preparação e a do cumprimento. Ele é o grande profeta dessa etapa, que preparou a etapa seguinte com sua mensagem (Lc 3,3-18). Por isso, Lucas narra seu ministério separadamente ao ministério de Jesus, relatando logo sua prisão e não mencionando João presente no batismo de Jesus.

A segunda etapa do caminho é o cumprimento, que se dá na pessoa e na obra de Jesus Cristo. Nele, o caminho teve início na Galileia, lugar onde, por obras e por palavras, Jesus proclamou a salvação que acontece no "hoje" e onde, como os profetas do passado, seria perseguido e desprezado.

Da Galileia, ele se colocou a caminho de Jerusalém (Lc 9,51), lugar de consumação do caminho. O evangelista descreve uma longa viagem – se comparada à retratada pelos outros dois autores sinóticos –, lembrada com frequência durante a narrativa (Lc 9,57; 10,38; 13,22.33; 17,11; 18,31; 19,11.28). Em Jerusalém, lugar da Paixão, da morte e da ressurreição de Jesus, o narrador descreve também sua ascensão e seu lugar à direita de Deus Pai, encerrando, desse modo, o caminho na plenitude de vida filial e fraterna, meta a ser seguida por todos os filhos.

Ao tempo do cumprimento pertence também o tempo da Igreja, narrado por Lucas no livro dos Atos dos Apóstolos. Cabe a ela percorrer um caminho próprio, proclamando o Jesus ressuscitado e a salvação que é destinada a todos os homens e a todas as mulheres que crerem nele (At 1-11). Assim, a ascensão de Jesus, que representa o fim de seu caminho na Terra, marca igualmente o início do caminho da Igreja, a qual tem como fundamento o testemunho dos doze apóstolos. "O caminho da Igreja, pois, situa-se entre a ascensão e a parusia do Senhor e está a seu serviço, quer dizer, está entre o Reino presente e o futuro e a seu serviço" (Carmona, 2012b, p. 308).

Porém, a Igreja não caminha sozinha; quem a capacita para sua missão é o próprio Deus, por meio de seu Espírito. Dela são as tarefas de ser testemunha e de dirigir um convite a toda a humanidade: a adesão à vida filial, uma relação com um Deus, que é Pai, e, igualmente, a participação na vida fraterna, na vida de irmãos, até a parúsia do Senhor. A fé em Jesus Cristo, portando, gerava um novo estilo de vida no seio da comunidade primitiva.

O caminho do testemunho da Igreja passou dos judeus para os gentios e teve início em Jerusalém, lugar de consumação do caminho de Jesus. Contudo, por causa do desprezo ao Messias e da perseguição à Igreja, esse percurso começou a distanciar-se de Jerusalém e se dirigiu ao centro do mundo pagão, chegando aos "confins da terra" (At 1,8). A explicação para o fato de que a Igreja sofre perseguições e desprezo é porque ela deve seguir o mesmo trajeto de Jesus, ou seja, ela é a atualização daquele caminho e, por isso, depara-se com várias dificuldades.

Lucas propôs em Roma o último convite à fé do povo eleito, mas este, em sua incredulidade, não aceitou e permaneceu fechado à salvação. Paulo, grande missionário cristão, então dirigiu o convite para a nação dos gentios (At 28,23-28).

A consumação do caminho de salvação é a parúsia. Nela, Jesus não será mais o Messias oculto das fases anteriores, mas o Messias em sua plenitude (At 3,21).

Na obra de Lucas, o caminho tem traços importantes, descritos na sequência:

- É animado pelo Espírito – Deus prometeu enviar seu Espírito como dom (Lc 24,49; At 1,4; 2,33). Ao Espírito, cabe duas tarefas: ungir e capacitar os profetas do caminho e dirigir e confirmar os colaboradores do caminho (Carmona, 2012b). Dessa maneira, ao serem ungidos os profetas, o caminho se torna profético, pois também é ungido. Os profetas, homens e mulheres anunciadores e colaboradores, recebem de seu protagonista, Deus Pai, a força para dirigi-los e para confirmá-los (Lc 24,49). Por isso, o caminho é profético. Assim, realiza-se em João Batista, que, pelo Espírito, atualizou a profecia de Elias (Lc 1,15; 3,2); em Maria, que se tornou mãe-virgem por obra do Espírito (Lc 1,35); em Isabel (Lc 1,41); em Zacarias (Lc 2,67); e no profeta Simeão (Lc 2,25.26).

    Jesus, em seu caminho, desempenha função de profeta quando cumpre as seguintes condições: ele é ungido pelo Espírito, "ouve a palavra de Deus e é enviado por ele" (Lc 3,21-23; 4,18); "é assim o profeta escatológico prometido (At 3,22; cf. Dt 18,15.19)" (Carmona, 2012b, p. 309).

    O profetismo de Jesus consistiu-se em anunciar, com atos e palavras, a palavra de Deus, cujo conteúdo é o Reino, referente a um reinado de amor e misericórdia (Lc 6,27-49), dirigido especialmente aos pobres (Lc 4,18; 7,22), que devem ser acolhidos na liberdade (At 3,22-26; 7,37). Nesse Reino, fazem-se possíveis o perdão dos pecados e uma nova forma de relação entre os seres humanos, filial e fraternal (Lc 4,18; 7,38-50). Mas esse mesmo Reino sofre desprezo, principalmente por parte dos judeus, e enfrenta grandes dificuldades (Lc 4,24; 13,13).

- É apostólico – Jesus escolheu os doze entre seus discípulos e apenas a eles deu o título de *apóstolos* (Lc 6,13). Eles foram testemunhas de toda a obra salvadora de Cristo, desde seu batismo, realizado por João, até sua exaltação (At 1,15-26). Eles representam a garantia do caminho da Igreja como continuação do caminho de Jesus, missão esta bem desenvolvida no livro dos Atos dos Apóstolos. Por esse motivo, Lucas narra, na Seção *O ministério de Jesus na Galileia*, a eleição e a missão dos doze escolhidos (Lc 5,1-11; 6,12-16; 9,1-16), sublinhando, dessa forma, a importância desse grupo.

Os doze, além de testemunharem as palavras e as obras de Jesus, comprovaram sua ressurreição (24,36-53). Do ministério dos doze nasceria o dos diáconos (At 6,1-6), e o ministério de Filipe estava em harmonia com o de Pedro e o de João (At 8,4-40). Assim, a Igreja tem base apostólica.

- **É reto e nada pode detê-lo** – Lucas argumenta que nada pode impedir o caminho, pois ele está de acordo com o projeto de Deus, de maneira que a geografia lucana serve a sua teologia: da Galileia a Jerusalém, de Jerusalém a Antioquia e desta para Roma. Jerusalém não é mais o centro da promessa que se concretizou em Cristo. O desprezo em relação à pessoa e ao ministério de Jesus em Nazaré é a imagem do que acontece também em Jerusalém, mas isso não impede que ele prossiga "seu caminho" (Lc 4,30). Em Jerusalém, os judeus condenaram Jesus à morte, mas Deus Pai o ressuscitou. E assim continua no tempo da Igreja: quanto mais perseguida a comunidade anunciadora da salvação, mais o cristianismo se expande (At 8,1-3; 11,19-21; 13,50-14,1-11; 16,40-17,16).

- **É atual** – Lucas esclarece que a salvação, o caminho, acontece "hoje". A atualidade cristã coloca-se entre o passado, no evento Jesus, mas fundamenta o presente e prepara o futuro: a parúsia, que é a consumação da história da salvação. Contudo, a espera pelo futuro não pode paralisar o crente, impedindo que realize sua missão no seu tempo presente. Por esse motivo, o evangelista atualizou os textos escatológicos fundamentando-os com perspectivas contemporâneas a sua época. Ele fez isso com a pregação de João Batista (Lc 3,10-14), com as perseguições e a destruição de Jerusalém (Lc 21,12-24), com a reação de quem presenciou a morte de Jesus (Lc 23,48). Além disso, o autor frisou que era necessário tomar "sua cruz cada dia" (Lc 9,23) e produzir frutos constantemente, para que as ações dos discípulos fossem sinais do Reino já presente (Lc 8,15).

- **É o caminho da salvação** – Jesus é o caminho da verdadeira e única salvação, diferentemente daquela oferecida pelos legalistas fariseus e pelo mundo pagão. Para os judeus, Lucas apresenta Jesus como aquele que veio dar cumprimento à salvação prometida por Deus (Lc 4,21, em relação a Is 58,6; e Lc 6,1-2; 7,18-23, em relação a Is 26,19; 29,1; 35, 5-10; 61,1). Da mesma forma, essa autêntica salvação é oferecida aos gentios, os "que estão longe" (At 2,39).
- **A salvação é radical e universal** – Lucas apresenta uma salvação que contempla uma libertação radical, capaz de transformar o coração humano e livrar o homem de todo tipo de escravidão (Lc 4,16-22). Por esse motivo, o autor retrata Jesus cumprindo o ano jubilar, "um ano de graça do Senhor" (Lc 4,19), que consiste na eliminação de todo tipo de escravidão. O perdão dos pecados também era sinal dos tempos messiânicos, e Jesus colocou-se como iniciador e criador desse ano jubilar, no qual o perdão dos pecados e a libertação do poder do mal eram igualmente sinal da presença do Reino (Lc 11,20), associados à evangelização dos pobres e a outros sinais que expressavam a libertação de toda dor e da morte (Lc 7,18-23; 21,28).

Em continuidade, a comunidade cristã retratada no livro dos Atos dos Apóstolos, em sua missão autêntica de grupo filial e fraterno, também era sinal e testemunho da continuação da instauração do ano jubilar, pois nela não se encontravam necessidades ou pobreza (At 2,42-47; 4,32-36). Essa realidade do tempo de graça do Senhor, tempo de salvação, misericórdia e amor, é a expressão do reinado de Deus no Evangelho segundo Lucas. E a Igreja, fundamentada no testemunho dos apóstolos, vive e é sinal concreto do Reino de Deus em sua forma radical e fraterna de viver (At 2,42-47; 4,32-35).

- **Deus e Jesus são os agentes da salvação** – Deus é o protagonista do caminho da salvação. Ele o preparou e enviou Jesus (Lc 1,47.69; 2,30), profeta escatológico, que a trouxe na própria pessoa e no próprio ministério e, após sua morte e exaltação, na doação do Espírito Santo. É por meio do Espírito que Jesus continua oferecendo a salvação pela Igreja. Assim, aquele que acolhe Jesus como Senhor e Salvador testemunha sua fé nas seguintes etapas: "receber a palavra, converter-se, crer, ser batizado, receber o perdão dos pecados e, posteriormente o dom do Espírito" (Carmona, 2012b, p. 316).

A salvação em Lucas tem caráter universal porque é direcionada a todos, com base em uma única exigência: que seja acolhida livremente – ou seja, supõe a liberdade de cada homem e de cada mulher. Embora a obra lucana explique que o caminho da salvação era primeiramente direcionado aos judeus (Lc 19,9-10), e faz parte dessa etapa do cumprimento o povo samaritano, que, a princípio, também rejeitou Jesus (Lc 9,51-56), o evangelho vai se "encontrando" e se revelando para todos os pecadores (Lc 3,6). De fato, basta uma reflexão acerca da linha genealógica de Jesus desenvolvida por Lucas para compreendermos esta dinâmica: Jesus é "filho de Adão, filho de Deus" (Lc 3,38). Adão, primeiro homem, é pai de todos os homens e filho do Pai criador de todos os seres humanos, o que aponta para essa salvação com finalidade universal. Mais do que isso, ela abrange o ser humano em sua totalidade. Isso quer dizer que visa a uma salvação completa, capaz de proporcionar a quem adere a ela uma vida abundante em todas as dimensões. Contudo, ela tem como destinatários privilegiados o grupo dos marginalizados: pecadores, pobres, mulheres e samaritanos.

- **Os pecadores** – Jesus estabeleceu como privilegiados, em seu ministério, os pecadores. Na obra lucana, Jesus dava a eles o perdão, comia com eles, chamava-os ao seu seguimento (Lc 19,7; 5,29-31; 7,48-50; 22,61-71; 23,42; 5,27), estava junto deles nas refeições (Lc 5, 29-31), inclusive quando se tratavam de pessoas públicas (Lc 7,37; 19,7). Os pecadores são privilegiados pela graça misericordiosa de Deus, e só por isso. O Pai enviou seu Filho para resgatar o que "estava perdido" (Lc 5,32; 19,9), pois pelo pecador arrependido há grande alegria no céu (Lc 15). De fato, o pecador, ao conhecer o Jesus misericordioso e acolhê-lo, alcança a anistia definitiva de Deus, expressão da justiça divina (Lc 4,19).
- **Os pobres** – Essa categoria é dividida em três grupos:
  1. Os *anawim* do Antigo Testamento – Eram homens e mulheres que, "com carências de diversos tipos" (Carmona, 2012b, p. 319), eram impedidos de viver mesmo como pessoas. Eram miseráveis, mendigos, humilhados, famintos, aleijados, coxos, mancos, viúvas necessitadas, mulheres estéreis (Lc 1,48.52.53; 6,21; 14,13.21; 16,20.22; 18,22; 19,8; 21,3). O tipo de vida que levavam não era vontade de Deus, razão por que eles foram escolhidos como destinatários privilegiados da obra da salvação (Lc 4,18; 7,22; 14,21; 16, 20-25).
  2. Os cristãos – Foram levados a uma situação miserável por causa da perseguição que os afligiu (Lc 6,20-23), em consequência de sua fidelidade a Jesus. Por isso, Lucas ofereceu a eles consolo, explicando que os bens terrenos não trazem a salvação absoluta, e os colocou na dinâmica da lei da compensação (Lc 16,25).
  3. Os que escolheram viver na pobreza – Decidiram viver de forma simples, livres da alienação e da cobiça causadas pela falsa confiança no dinheiro. Compunham esse grupo os discípulos de Jesus, que tinham como centro de suas vidas o Reino de Deus (Lc 12,15-21. 31). Não é possível servir ao mesmo tempo a Deus e

ao dinheiro (Lc 16,13). Lucas retrata Jesus como inimigo dos perigos oferecidos pela riqueza, mas de forma alguma como inimigo dos ricos. Estes estão junto com todos os homens e com todas as mulheres para quem é oferecida a salvação (Lc 5,32). Esse fato é confirmado pelo texto de Lucas quando Jesus convida a si próprio a estar à mesa dos ricos (Lc 7,36; 11,37; 14,1; 19,5) ou quando é servido pelos ricos (Lc 8,3). O problema concreto está quando a riqueza aliena o ser humano, tornando-o avarento e escravo de seus bens (Lc 12,15; 16,13-14). Em textos do Antigo Testamento, "o que se recrimina não é o ser rico e ter bens abundantes, mas sua origem injusta, o tornar-se rico à base de oprimir os fracos" (Carmona, 2012b, p. 320). Uma visão que aparece no Antigo testamento apresenta a riqueza como uma premiação por parte de Deus, gerando, dessa maneira, graves problemas religiosos. O livro de Jó, por exemplo, combate esse pensamento, "negando seu caráter de prêmio e sua carência de castigo" (Carmona, 2012b, p. 320). O Evangelho convida a comunidade cristã a partilhar e a colaborar na construção de um mundo em que não exista miséria, um mundo de irmãos.

- **As mulheres** – Jesus deu a elas lugar especial entre os destinatários privilegiados do Reino de Deus. Lucas as menciona e, por vezes, cita seus nomes, tanto no evangelho quanto no livro dos Atos dos Apóstolos. Em sua obra evangélica, as mulheres são mais mencionadas do que em qualquer outro texto do Novo Testamento. Na narrativa de Lucas, Jesus curou mulheres e as defendeu, além de tê-las perdoado, realizado um milagre de ressurreição em favor de uma mulher e elogiado uma viúva (Lc 8,43-48; 13,10-17; 7,36-50, 13,10-17; 8,49,56; 7,11-17, 21,14). No texto lucano, as mulheres, inclusive, serviram a Jesus com seus bens (Lc 8,1-3), e ele as admitiu em seu grupo de seguidores e as ensinou, quebrando, dessa maneira, os paradigmas de sua época (Lc 8,1-3; 23, 59; 10, 38-42).

- **Os samaritanos** – Lucas, em seu evangelho, relata que os samaritanos não acolheram Jesus (Lc 9,52-56); entretanto, o autor os apresenta como modelos de misericórdia (Lc 10,29-37) e agradecimento (Lc 17,11-19), delineando a parte deles na evangelização em sua segunda obra, no tempo da Igreja (At 8,4.25).

- **Salvação supõe alegria** – Lucas, em seu texto, transparece que a alegria é um sinal dos tempos messiânicos (Lc 1,41.44; 2,10) e está sempre presente no caminho salvador de Jesus. Ela esteve presente no momento do nascimento tanto de Jesus quanto de João de Batista (Lc 1,14.58; 2,10); na ocasião em que a multidão se maravilhou com as obras de Jesus (Lc 13,17); e no período subsequente à ressurreição (Lc 24,41.52). Ela apareceu também na promessa aos perseguidos (Lc 6,23), na certeza da salvação (Lc 10,20), entre aqueles que colaboram na promoção do Reino (Lc 10,17) e no sentimento de Jesus, que louvava o Pai pela forma com a qual a salvação acontece (Lc 10,21). A alegria é a manifestação diante do que estava perdido e foi encontrado, do que saiu em busca de outros caminhos e retornou para o único e verdadeiro caminho salvador (Lc 15,5.6.7.9.10.32).

- **Maria, modelo do discípulo do caminho da salvação** – Lucas apresenta Maria como arquétipo do discípulo que percorre o caminho salvador e, ao mesmo tempo, é testemunha profética dele. Desde o início, o dom da alegria esteve com ela (Lc 1,28). Na manifestação de Deus a Maria, ele ofereceu a ela uma missão concreta e importante na implantação do Reino: ser a mãe do Messias em sua condição virginal, coberta completamente pela graça e entregue a ela (Lc 1,30-35). Maria é a personificação dos pobres da Antiga Aliança, que depositaram sua confiança em Deus Salvador (Sf 3,14-17; Jl 2,21-27; Zc 9,9). Com sua anuência, ela aceitou, em sua humildade, participar do projeto do Salvador, que se concretizou pelo Espírito Santo (Lc 1,5.37). A salvação prometida a Israel, por meio de Maria, foi oferecida a todos os povos. Como mulher que também era profeta, Maria assumiu seu "caminho", levando a boa notícia e se colocando a servir quem mais precisava (Lc 1,39-45.56). Por isso, é modelo de fé e confiança (Lc 1,45.50-54), pois guardou e meditou sobre os acontecimentos ainda incompreensíveis (Lc 2,19.50-52) e foi obediente à palavra de Deus (Lc 1,37; 2,22-24.39). Dessa forma, é reconhecida pelo evangelista como aquela que acreditou, ouviu e colocou em prática (Lc 1,45; 8,21; 11,28). Ela fez de seu caminho uma trajetória de constante ação de graças e oração (Lc1,45-55), característica importante na obra lucana.

Síntese

Neste capítulo, iniciamos o estudo sobre a produção de Lucas – a mais extensa do Novo Testamento –, que trata do tempo da realização da promessa (o Evangelho segundo Lucas) e do tempo da Igreja (o livro dos Atos dos Apóstolos). Assim como Mateus, Lucas usou o material de Marcos como base para escrever sua obra, mas foi livre para adaptá-lo de acordo com sua vontade. O autor também teve acesso à fonte Quelle (Q) e a outra, exclusiva, designada como *L*.

Ainda neste capítulo, observamos que a intenção de Lucas era contribuir para a solidez da fé de sua comunidade. Entre as questões de destaque em seu evangelho, está a garantia da continuidade da comunidade lucana com o povo escolhido e herdeiro da promessa – Israel. Por isso, o autor se ocupou da questão da legitimidade da comunidade cristã constituída como o novo povo de Deus, destinado à salvação. Vimos também que o ministério de Jesus teve como privilegiados os pecadores, os pobres, as mulheres e os marginalizados e, por isso, a obra lucana é também conhecida como *Evangelho social*.

Por fim, ressaltamos informações importantes sobre o Evangelho segundo Lucas, sintetizando dados relevantes dessa obra que ajudam a compreendê-la como uma narrativa histórico-teológica de Jesus de Nazaré. Essa obra trata do tempo do cumprimento da promessa feita a Israel no Antigo Testamento, que continua no tempo da Igreja, guiada pelo Espírito Santo.

Atividades de autoavaliação

1. Sobre os paralelismos, uma das formas literárias utilizadas por Lucas em sua obra narrativa, é correto afirmar:
    a) São encontrados em todo o Evangelho, especialmente na narrativa da infância de Jesus. Lucas ainda os utiliza para estabelecer relações entre eventos retratados em seu evangelho e no livro dos Atos dos Apóstolos.
    b) São usados exclusivamente em seu relato da infância de Jesus, quando narra duas anunciações, dois cânticos, dois nascimentos e duas circuncisões.
    c) São encontrados nas perícopes exclusivas do autor do Evangelho.
    d) São utilizados para constituir as etapas da história: a do tempo da promessa, a do tempo do cumprimento da promessa e a do tempo da Igreja.

2. Leia *As três parábolas da misericórdia* (Lc 15) e observe que, no princípio, Lucas informa a respeito de quem está ouvindo Jesus. Conforme os textos, assinale a alternativa correta sobre quem é representado no personagem do filho mais velho, que não compreende a atitude do pai, e o que essa atitude simboliza:
    a) O povo judeu e a atitude do pai que ama seu filho.
    b) Os fariseus e os escribas e a atitude do pai que representa a ação misericordiosa de Deus.
    c) O imperador romano e a atitude de Deus, que é Pai.
    d) Os fariseus e os escribas e a atitude do pai que lembra a Lei interpretada pelos fariseus.

3. Sobre a autoria do Evangelho segundo Lucas, é **incorreto** afirmar:
   a) A tradição cristã atribui o terceiro evangelho do cânone bíblico a Lucas, companheiro de viagem de Paulo.
   b) O autor do terceiro evangelho do cânone bíblico é um cristão da segunda geração, ou seja, um pagão convertido ao cristianismo.
   c) Lucas é originário da Palestina, provavelmente de alguma localidade próxima de Jerusalém.
   d) O autor do terceiro evangelho do cânone bíblico é um homem culto, considerado também como historiador, porque apresenta a história da salvação no contexto da história humana.

4. Lucas apresenta a teologia do caminho do Senhor. Sobre este, é correto afirmar:
   a) O caminho da salvação tem início no tempo do cumprimento e termina na ressurreição de Jesus em Jerusalém, onde, caminhando com os discípulos de Emaús, pede a eles que permaneçam na Cidade Santa até a parúsia.
   b) O personagem João Batista representa um marco divisor entre a fase da preparação para o caminho e a do seu cumprimento. Ele é o grande profeta dessa etapa, que prepara a fase seguinte com sua mensagem (Lc 3,3-18). Por isso, Lucas narra seu ministério separado do de Cristo, relatando logo sua prisão e não mencionando sua presença no batismo de Jesus.
   c) O caminho apresentado por Lucas é profético. Jesus é um profeta, que ouve a vontade do Pai e é enviado por ele, ou seja, o profetismo de Jesus consiste no anúncio da palavra de Deus, que tem como conteúdo o Reino.
   d) O caminho da salvação em Lucas abrange exclusivamente os judeus.

5. Marque V para as afirmativas verdadeiras e F para as falsas:
   ( ) A salvação em Lucas tem caráter universal porque é direcionada a todos com base em uma única exigência: que seja acolhida livremente.
   ( ) A salvação em Lucas tem como destinatários privilegiados o grupo dos marginalizados, composto por pecadores, pobres, mulheres e samaritanos.
   ( ) Uma das categorias dos pobres privilegiados do caminho da salvação em Lucas era formada pelos *anawim* do Antigo testamento. Esse grupo era composto por pessoas impedidas de viver como pessoas dignas de várias formas. Eram miseráveis, mendigos, humilhados, famintos, aleijados, coxos, mancos, viúvas necessitadas e mulheres estéreis.
   ( ) Os samaritanos são apresentados no evangelho lucano como um povo vingativo e perigoso. Eles não faziam parte do caminho salvador de Jesus nem mesmo no tempo da Igreja, por causa de sua ruptura com o judaísmo no tempo da promessa.

   Agora, assinale a alternativa que apresenta a sequência correta:
   a) F, F, V, V.
   b) F, V, F, V.
   c) V, V, F, F.
   d) V, V, V, F.

Atividades de aprendizagem

Questões para reflexão

1. O Evangelho segundo Lucas apresenta o caminho da salvação, mas também é conhecido como *Evangelho social*. Por quê? Quais são os destinatários privilegiados do texto de Lucas? Após identificá-los, reflita como eles são vistos hoje por sua comunidade.

2. No texto de Lucas, Jesus é a visita definitiva de Deus para instaurar seu Reino. Que tipo de Reino é esse? Você o reconhece hoje? Você percebe seus sinais?

3. Dentre os autores sinóticos, Lucas é quem mais menciona o protagonismo das mulheres. Como você vê essa questão? Como são vistas as mulheres dentro da Igreja e fora dela? Como você percebe o lugar delas no mundo?

Atividade aplicada: prática

1. Leia o Evangelho segundo Lucas e faça um fichamento de todos os versículos ou passagens nos quais o autor salienta sua preocupação com a postura dos cristãos diante da idolatria da riqueza e desenvolva uma redação baseada nesse tema.

4
Formação do livro dos Atos dos Apóstolos

Depois de apresentarmos as narrativas histórico-teológicas sobre a pessoa e o ministério de Jesus, veremos, agora, como se deu o desenvolvimento do livro dos Atos dos Apóstolos, obra que narra os primórdios da Igreja cristã após a experiência da ressurreição, seu fortalecimento e sua condução pelo Espírito Santo.

4.1 Introdução ao livro dos Atos dos Apóstolos

O livro dos Atos dos Apóstolos não é uma obra dedicada a informar sobre os atos dos doze apóstolos instituídos por Jesus Cristo, mas se trata de um material desenvolvido por Lucas com a finalidade de dar continuidade a sua primeira obra, o Evangelho segundo Lucas.

Nessa continuação, o autor se dedica ao tempo da Igreja, que continua o caminho da salvação guiada pelo Espírito Santo – fase que teve início em Jerusalém, no dia do Pentecostes, e tem como protagonistas os discípulos lá reunidos.

Pedro é figura de destaque na obra, assim como Paulo, que não fez parte do círculo das testemunhas oculares do ministério de Jesus. O lugar que o autor dos Atos dos Apóstolos dá a esses dois personagens tem sentido teológico: Pedro era o grande líder da Igreja e percorreu um caminho de coragem e determinação que terminou com sua prisão – por isso, é um exemplo de discípulo; Paulo, por sua vez, era o grande missionário do mundo gentio e seu encontro com o ressuscitado o transformou no grande evangelizador que chegou até os confins da Terra. Outros nomes apostólicos também aparecem no texto, como o de Tiago, líder da Igreja de Jerusalém, personagem que foi relevante no primeiro concílio da Igreja. Cabe ressaltar que não era a intenção de Lucas contar os feitos de cada um dos doze apóstolos.

Estevão e Filipe, igualmente, são figuras de grande importância. Eles faziam parte do grupo dos helenistas, que, em consequência do martírio do primeiro, fugiram de Jerusalém e garantiram o início da expansão do anúncio de Jesus Cristo, projetado no fim do Evangelho segundo Lucas (Lc 24,47) e no início do livro dos Atos dos Apóstolos (At 1,8).

As mulheres também têm papel relevante no livro. Elas eram colaboradoras do Reino e, inclusive, na missão cristã que chega a Filipos, Lucas apresenta uma comunidade de mulheres na qual Lídia exercia papel de liderança (At 16,11-15). Nos Atos dos Apóstolos, as mulheres são mencionadas 24 vezes:

> Algumas mulheres e Maria, a mãe de Jesus, com os onze (At 1,14); a oferta de Ananias e Safira (5,1-11); mulheres aderem à fé (5,14); as viúvas helenistas esquecidas na distribuição diária (6,1-6); mulheres perseguidas por Saulo (8,3); mulheres se faziam batizar (8,12); referência a Candace, rainha da Etiópia (8,27); mulheres de Damasco objeto de perseguição por Saulo (9,2); Tabita, notável pelas boas obras, reanimada por Pedro (9,36-42); viúvas que acolhem Tabita viva (9,41); Maria, a mãe de João Marcos, que recebia os cristãos em sua casa para a oração e acolheu Pedro ao sair da prisão (12,12); a criada Rode que atendeu Pedro (12,13); mulheres religiosas de mais prestígio instigadas pelos judeus contra Paulo e Barnabé em Antioquia (13,50); a mulher judia que abraçara a fé, a mãe de Timóteo (16,1); Lídia que acolhe os missionários em sua casa (16,11-15); a jovem adivinha que era usada por seus amos para obter lucros e foi libertada por Paulo (16,16-18); as mulheres de Tessalônica que se convertem (17,4); as mulheres de Bereia que aceitam a fé cristã (17,12); Damaris, mulher em Atenas que adere à fé (17,34); Priscila, mulher de Áquila, em Corinto, que acolhem o Apóstolo Paulo (18,1); mulheres com suas crianças acompanham os maridos na despedida de Paulo da comunidade de Tiro (21,5); as quatro filhas de Filipe, virgens profetisas (21,9); a irmã de Paulo que residia em Jerusalém (23,16); Drusila, mulher de Félix, procurador romano (24,24); Berenice, esposa do rei Agripa II, ambos se encontram com o procurador Festo e discutem sobre a situação de Paulo (25,13-26,32). (Perondi, 2015, p. 77)

A obra que o autor dos Atos dos Apóstolos produziu é uma narrativa que descreve o começo e o desenvolvimento do movimento cristão, seus obstáculos e seus progressos. Nela, Lucas sublinha a presença e a ação do Espírito Santo, condutor de todo o caminho da salvação até o centro do mundo pagão.

4.1.1 Fontes do livro dos Atos dos Apóstolos

Muitos autores concordam que, para elaborar o livro dos Atos dos Apóstolos, seu autor teve acesso a fontes, porém "Lucas as reelaborou literária e teologicamente tão bem num bloco, que torna difícil descobrir as suturas e separá-las" (Carmona, 2012b, p. 346). Por esse motivo, muitos são os estudiosos que consideram esse trabalho como algo secundário.

Entretanto, há quem não abra mão de considerar os vários elementos que podem ser apontados como fonte desse processo narrativo. Afinal, se o autor teve cuidado ao redigir seu evangelho, recolhendo informações seguras por meio de testemunhas oculares e de ministros da palavra, para dar solidez à fé cristã (Lc 1,1-4), e ainda manteve fidelidade aos documentos escritos a que teve acesso, Marcos e a fonte Quelle (Q) – mesmo que os tenha usado a serviço de sua intenção teológica –, porque não teria a mesma firmeza e a mesma seriedade na continuação de seu trabalho, o livro dos Atos dos Apóstolos, dirigido igualmente a Teófilo (At 1,1)?

Na opinião dos estudiosos que se colocam na difícil tarefa de encontrar as fontes do material que compõe a segunda obra lucana, as seguintes informações são sugeridas (Brown, 2012, p. 437-439):

- Para compor o livro dos Atos dos Apóstolos, Lucas poderia ter consultado como fontes as pessoas mencionadas na própria narrativa, como o tetrarca Herodes Antipas, da tradição sobre Manaém, um dos líderes, "profetas e doutores" da Igreja de Antioquia (At 13,1).

- Se é possível supormos que o autor dos Atos dos Apóstolos era companheiro de viagem de Paulo – condição indicada pelas passagens em que o autor passa a narrar o texto na primeira pessoa do plural (*nós*) –, os relatos que descrevem a visita a casa de Filipe, um dos sete, e o encontro com Ágapo (At 21,8-10) sugerem que ambos os personagens podem ter sido fontes lucanas sobre as próprias histórias, no que concerne ao ministério dos helenistas (At 6,5; 8,5-40; 11,27-28).
- Lucas era originário de Antioquia, segundo a tradição. Assim, ele deve ter tido contato com Barnabé, companheiro, junto com seu primo Marcos, de Paulo em sua primeira viagem. Desse modo, Barnabé pode ter sido mais uma fonte pessoal do autor.

Há ainda a possibilidade de Lucas ter usado fontes fixas. Destas, faz parte o fator geográfico, que assim se apresenta: os apóstolos, em Jerusalém; os helenistas, expulsos de Jerusalém, mas que desenvolveram importante papel na Igreja da Antioquia; e Paulo, que iniciou seu trabalho missionário em Antioquia e foi até Roma.

De fato, esse é um assunto ainda cheio de conflitos de informação que desperta a curiosidade e a especulação entre os estudiosos, visto que a narrativa conta a história do início da Igreja e sua admirável expansão.

4.1.2 Formas literárias do livro dos Atos dos Apóstolos

As formas literárias usadas por Lucas em seus textos já foram apresentadas no capítulo anterior. Esse evangelista tinha gosto por paralelismos, repetições, teofanias e discursos. Por isso, trataremos de dois recursos muito utilizados por Lucas no livro dos Atos dos Apóstolos: os discursos e os sumários. Também será contemplado o estilo dramático utilizado pelo autor.

Grande parte da obra dos Atos dos Apóstolos – um terço, aproximadamente – é composta por discursos proferidos pelos grandes personagens do livro: Pedro, Paulo, Tiago e Estêvão. "Em vez de narrar em terceira pessoa o que está acontecendo, Atos prefere oferecer um discurso no qual uma das personagens principais explica o fato" (Brown, 2012, p. 440). Esse recurso é considerado uma estratégia dos antigos historiadores e tinha como finalidade fazer os personagens relevantes das obras exprimirem, no contexto da situação relatada, a opinião do autor.

Está claro para nós que o narrador da história da Igreja não estava presente nos eventos e nas situações relatados em seu discurso. Ainda que alguns estudiosos defendam que os narradores estavam presentes nos momentos narrados, de alguma forma são as fontes deles. Outros defendem que, nos discursos, deve haver uma composição livre do narrador ou, ainda, que eles podem ser lembranças da pregação apostólica e do que ela compreendia. O entendimento da Igreja hoje encontra nesses textos "o progresso da compreensão cristã do plano de Deus na história" (Brown, 2012, p. 441).

Os sumários são outras das formas literárias usadas por Lucas. O autor apresenta, em sua primeira obra, o evangelho com sumários de Marcos, porém mais desenvolvidos e ainda lhes acrescenta os próprios sumários. No livro dos Atos dos Apóstolos, os sumários são próprios de Lucas e utilizados para apresentar o crescimento e a vida da comunidade em seu momento áureo, exemplo para a Igreja de todos os tempos. O autor apresenta também sumários de uma única frase, como no caso do trecho de At 9,31, que dá uma visão resumida da paz, da progressão e da inspiração da Igreja. Outros exemplos são At 12,24; 16,5; 19,20.

Os sumários colaboram para o desenvolvimento da narrativa dando coerência a ela e sublinhando o que o autor pretende destacar no texto, antes de dar continuidade ao relato. Grande importância têm os sumários que apresentam os primórdios da Igreja de Jerusalém, os quais comentaremos no último capítulo deste livro. Tais sumários nos colocam a par do profundo conhecimento que Lucas tinha sobre a Igreja.

Há um amplo debate sobre o valor histórico apresentado no livro dos Atos dos Apóstolos por Lucas, visto quer o autor aborda acontecimentos particulares para informar seus leitores de forma viva e intensa. Essa questão diz respeito ao estilo *episódio dramático* usado pelo narrador. "Algumas pessoas acreditam que este método faz de Lucas mais um contador de histórias edificante do que um historiador" (Dillon, 2011, p. 313). Contudo, esse método faz parte da tradição dos historiadores helenísticos, que não pretendiam omitir a verdade em favor de transmitir uma mensagem edificante, mas delineavam os acontecimentos de forma mais ampla do que as próprias fontes de que dispunham. Os episódios desse estilo narrados por Lucas são: o *Pentecostes* (At 2); o martírio de Estêvão (At 6-7); a conversão de Cornélio (At 10); o concílio de Jerusalém (At 15); a missão de Paulo em Atenas (At 17,16-34); e os sucessivos julgamentos de Paulo (At 21- 26).

4.1.3 Geografia no livro dos Atos dos Apóstolos

Assim como no Evangelho segundo Lucas, a geografia no livro dos Atos dos Apóstolos está em função da teologia do autor e se constitui desta maneira: Jerusalém, Judeia, Samaria, confins da Terra, Roma (At 1,8), "o coração do mundo dos gentios" (Carmona, 2012b, p. 308).

Esse plano geográfico fundamenta o início da Igreja na Cidade Santa, Jerusalém, onde tudo foi consumado e é o lugar no qual deveriam permanecer os discípulos à espera da "força do Alto" (Lc 24,49). Em Jerusalém, estando "todos reunidos" (At 2,1), os discípulos receberam o dom do Espírito, promessa dos tempos messiânicos (At 2,17-21), fonte de origem e de força para a Igreja. Todavia, o caminho da Igreja, por causa da incredulidade e da falta de fé dos judeus e da perseguição desencadeada à comunidade cristã, começou a distanciar-se de Jerusalém e se dispersar por toda a Judeia (At 8,1), dirigindo-se à Samaria, que, nessa etapa do caminho, abriu-se para a salvação (Lc 8,4-8). Então, o caminho da Igreja chegou a seu destino final no programa de Lucas: Roma, lugar no qual mais uma vez foi apresentado o apelo à conversão dos judeus, que continuaram com sua atitude de rejeição à fé cristã, confirmando assim a salvação destinada aos gentios (At 28,23-28).

4.1.4 Estrutura do livro dos Atos dos Apóstolos

Conforme a organização geral do livro dos Atos dos Apóstolos, sua estrutura é a seguinte:

> 1ª seção: O caminho da Igreja de Jerusalém com os doze apóstolos (At 1-12)
> - O novo prólogo lucano e o nexo entre o caminho de Jesus e o caminho da Igreja (At 1).
> - O testemunho da Igreja de Jerusalém: o Pentecostes, a seção do nome, os helenistas e Estêvão (At 2,1-8,3).
> - O testemunho fora de Jerusalém: o testemunho de Felipe, a conversão e a primeira atividade de Paulo, a atividade de Pedro, a Igreja da Antioquia e a perseguição da Igreja de Jerusalém (At 8,4-12,25).
>
> 2ª seção: O caminho de Paulo até os confins da terra (At 13-28)
> - A primeira viagem missionária de Paulo, os problemas e conflitos que aparecem e a Assembleia de Jerusalém (At 13,1-15,35).

- A grande missão paulina: a segunda viagem missionária de Paulo e a evangelização de Éfeso (At 15,36-19,22).
- A terceira viagem de Paulo, acorrentado pelo Espírito, a Jerusalém e a Roma: a viagem a Jerusalém pela Macedônia e Acaia, a prisão e o testemunho de Paulo aos judeus, a prisão e o testemunho em Cesareia, a viagem até Roma e o testemunho de Paulo nesta cidade (At 19,23- 28,31).

Fonte: Elaborado com base em Carmona, 2012b, p. 285-286.

4.2 Informações sobre o autor, o local e a datação da obra

O livro dos Atos dos Apóstolos, embora concebido no anonimato, como outros textos do Novo Testamento, tem sua autoria atribuída a Lucas, discípulo da segunda geração cristã que escreveu primeiro um evangelho – uma narrativa histórico-teológica sobre a mensagem de Jesus Cristo.

Foi a tradição antiga que conferiu a autoria do livro dos Atos dos Apóstolos a Lucas, mesmo autor do terceiro evangelho do cânone bíblico, levando em consideração as "afinidades entre as duas obras, dedicadas, além disso, à mesma pessoa" (Carmona, 2012b, p. 331). Portanto, o autor seria alguém que tinha muita intimidade com a cultura helênica e era familiarizado com o Antigo Testamento. Provavelmente, era alguém de fora da Palestina, originalmente um cristão gentil que tinha relação com as Igrejas fundadas por Paulo de Tarso.

O lugar da redação do livro é o mesmo do evangelho, provavelmente Antioquia, na Síria, embora Éfeso também seja sugerido como lugar de composição, devido a sua importância na obra. Seja como for, é uma localidade fora da Palestina (Carmona, 2012b).

A obra foi escrita por volta dos anos 80 e 90 d.C., depois da redação do evangelho. O prólogo e o estilo do livro dos Atos dos Apóstolos supõem uma distância de alguns anos entre ele e o texto do Evangelho segundo Lucas.

4.3 Desenvolvimento do livro dos Atos dos Apóstolos

O livro dos Atos dos Apóstolos inicia-se com um prólogo (At 1,1-5), no qual o autor faz clara referência a sua primeira obra: o Evangelho segundo Lucas (At 1,1). O autor alude ao conteúdo do evangelho em que narrou tudo o que Jesus "fez e ensinou" até o dia de sua ascensão aos céus (At 1,1-2). Lucas ainda assinala a missão dos doze escolhidos "sob a ação do Espírito Santo" e a manifestação de Jesus ressuscitado a eles, incumbidos em seu ministério de instaurar o Reino (At 1,2-3). O autor recupera no prólogo a importância de os discípulos permanecerem em Jerusalém, lugar onde o ministério de Cristo se consumou e onde deveria nascer a Igreja, por meio do dom do Espírito (At 1,4-5; Lc 24,49).

A seguir, ocorre o relato da ascensão e da grande missão dada aos apóstolos e deles para a Igreja: dar testemunho do Reino que se iniciou em Jesus até o dia de sua vinda definitiva (At 1,6-11). O testemunho deveria começar em Jerusalém e chegar até "os confins da terra" (At 1,8), por intermédio de Paulo, que iria até Roma.

A ascensão do Jesus ressuscitado é a razão da grande "reviravolta histórica" e cultural entre os discípulos, "o divisor de águas entre a história de Jesus e da comunidade pós-pascal" (Bíblia, 1991, p. 47-48).

Esse primeiro bloco relata o nascimento e o testemunho da Igreja em Jerusalém. A parúsia (At 1,11) deixa espaço para a história da

Igreja (At 1,12-14). A comunidade cristã tem origem em Jerusalém e fundamento apostólico, por isso a narrativa cita o nome dos onze apóstolos. Além disso, Lucas também menciona a importante presença de Maria e de "algumas mulheres", que faziam parte ativa no grupo (At 1,12-14). Ao posicionar a substituição de Judas entre os eventos da ascensão e do dia do Pentecostes, Lucas aponta a função de testemunhas que os apóstolos receberam (At 1,21-22) e informa que o novo membro do grupo deveria ter duas características: ser alguém que esteve presente no ministério do Jesus, ou seja, que o acompanhou em seu caminho, e ser alguém que participou da experiência do Jesus ressuscitado.

A promessa de Jesus se cumpriu com o Pentecostes e, então, foi inaugurado, de forma oficial, o tempo da Igreja. O narrador descreve o acontecimento do derramamento do Espírito Santo no estilo teofânico, do qual os dois elementos descritos são símbolos: o vento e o fogo (At 2,1-4). A cena tem função programática, assim como a do batismo de Jesus. Na experiência da comunidade reunida em Jerusalém, no dia do Pentecostes, nasceu a Igreja, e a festa judaica que ocorria nesse dia ganhou novo sentido para os cristãos. A perícope desse evento pode fazer eco à narrativa da Torre de Babel, citada no Antigo Testamento (Gn 11,1-9), pois, desse momento em diante, a humanidade estava renovada e reunida pela força do Espírito, e a confusão deu lugar à universalidade da salvação (At 2,7-11).

O relato continua com o primeiro dos três discursos missionários de Pedro apresentados na obra. Esse discurso tem função de introdução teológica na narrativa. Nele, Pedro interpretou o acontecimento do dia do Pentecostes (At 2,16-21) e apresentou o núcleo da fé cristã: o querigma (At 2,22-36). Como consequência desses acontecimentos, ocorreu a conversão de grande número de pessoas (At 2,41b). Logo adiante, o texto oferece o fruto da experiência cristã no testemunho de vida da comunidade de Jerusalém (At 2,42-47), assim como o poder que acompanhava os doze, representados nas pessoas de Pedro e João (At 3,1-10). Na conclusão do capítulo, a obra traz o segundo discurso de Pedro, proferido no ambiente do Templo (At 3,11-26).

Da mesma maneira como acontecera com Jesus, o testemunho da comunidade de Jerusalém encontrou conflitos e sofreu perseguições (At 4,23-31) por parte do judaísmo oficial (At 4,1-2). O testemunho da Igreja é confirmado na ênfase que Lucas dá a ele (At 4,32-35; 5,12-16). Vemos, então, que o perigo para a comunidade aumentou (At 5,17-18); contudo, quem conduzia o caminho da Igreja era o Espírito (At 5,19-21).

Lucas usa pela primeira vez a palavra *discípulos* no capítulo 6 para definir os cristãos (At 6,1), e também pela primeira vez menciona o grupo de judeu-cristãos helenistas, de língua e cultura gregas, que entraram em contradição com o grupo de judeu-cristãos hebreus. Os primeiros, vindos da diáspora, eram mais flexíveis e abertos à interpretação da Lei e a sua prática; os segundos, de origem palestina, formavam um grupo conservador, mais fechado em relação à leitura e à interpretação da Lei. O conflito levou os apóstolos a perceberem a necessidade de uma organização, devido ao aumento do número da Igreja, o "que faz surgir uma nova estrutura de serviço" (Bíblia, 1991, p. 131): a *diakonia*. Lucas assinala a instituição dos sete, transmitida e associada de certa forma ao ministério dos doze que, "tendo orado, impuseram-lhes as mãos" (At 6,6).

O grupo dos sete foi o primeiro a sentir de forma mais dura a perseguição por parte do judaísmo. Estêvão, cujo nome encabeçava a lista dos sete, tornou-se o primeiro mártir da Igreja primitiva (At 6,8-7,1-60). Homem de grande coragem e poder do Espírito (At 6,8.55), ele proferiu o discurso mais longo apresentado no livro dos Atos dos Apóstolos, o que demonstra sua grande importância, e sua morte violenta retrata o ápice da repressão judaica contra os cristãos, já iniciada na prisão de Pedro e de João, narrada anteriormente (At 4,18). Na cena da condenação e da morte de Estêvão, surgiu Saulo, o grande perseguidor do movimento cristão (At 7,58-8,1), e, como consequência, ocorreu a dispersão dos cristãos "pelas regiões da Judeia e Samaria" (At 8,1). Esse acontecimento assinala mais uma vez o desprezo de Israel pelo Messias, agora no tempo da Igreja, e pela salvação dirigida a todos os povos, começando por Jerusalém, Judeia e Samaria e indo até "até os confins da terra" (At 1,8).

Nessa etapa, o testemunho cristão sai de Jerusalém e vai para Samaria, com Filipe (At 8,4-8). Isso demonstra que a instituição dos sete, para além do serviço à mesa (At 6,2-3), abrangia uma atividade apostólica (Dillon, 2011, p. 344), e tanto Felipe quanto Estevão eram igualmente missionários da palavra (At 6,8.10.7,1-54). A Samaria, excluída da ortodoxia judaica, recebeu e acolheu a "Boa Nova do Reino de Deus e do nome de Jesus Cristo" (At 8,12). A narrativa mostra a superioridade do Espírito sobre a magia, simbolizada pelo personagem Simão (At 8,9-10). Fato importante foi o batismo dos fiéis da Samaria: coube aos apóstolos, representados por Pedro e João, conferir aos novos crentes o dom do Espírito (At 8,14-17).

O livro continua com a história de Saulo – que passara de perseguidor (At 9,1-2) a pregador da palavra (At 9,20) – e sua visita a Jerusalém, acompanhado de Barnabé, personagem a quem Lucas menciona como acolhedor e garantidor de Saulo diante do grupo dos doze (At 9,26-30). Era necessário que o novo e importante convertido ao cristianismo obtivesse legitimação da sua missão por meio dos apóstolos (At 9,28).

No texto do livro dos Atos dos Apóstolos, há três narrativas sobre a conversão de Saulo (At 9,1-18; 22,1-21; 26,2-23): "A primeira descrição é histórica e faz parte do movimento da Igreja, as duas últimas são pessoais e foram dadas em defesa da vida e doutrina de Paulo perante auditórios e audiências hostis ou questionadoras" (Tenney, 2008, p. 259-260).

O sumário inserido na sequência da narrativa (At 9,31) "faz avançar aproximadamente 10 anos" a história (Carmona, 2012b, p. 288). E o texto segue com os relatos de Pedro em Lida, local onde ele realizou a cura de um aleijado (At 9,32-35), e o milagre da ressurreição em Jope. Conforme explicamos sobre o estilo do texto, o narrador utiliza paralelos: os mesmos milagres realizados por Jesus no Evangelho segundo Lucas (Lc 7,11-17; 8,49-56) eram realizados agora por seus discípulos no tempo da Igreja.

Significativa é a insistência de Lucas nas obras dirigidas aos pobres, como na passagem da ressurreição em Jope (At 9,36.39), que se relaciona aos trechos do Evangelho segundo Lucas (Lc 4,34; 6,1; Lc 12,33-34), porque a promoção da pessoa em sua totalidade é a realização do projeto do Reino. Não devemos esquecer ainda o papel da mulher chamada Tabita, "em grego Dorcas" (At 9,36), a quem Pedro ressuscitou. Ela era uma mulher "notável pelas boas obras e esmolas que fazia" (At 9,36) e que atendia às viúvas (At 9,39), grupo social importante, defendido por Deus tanto no Antigo como no Novo Testamento. Lucas ainda informa que ela era "discípula" (At 9,36).

Muita relevância tem o relato da conversão da família de Cornélio (At 10,1-48) e a interpretação e a compreensão desse fato pela Igreja de Jerusalém (At 11-1-18). Para percebermos o importante significado desse evento, basta notarmos que Lucas dedica 66 versículos a ele – enquanto o evento do dia do Pentecostes ocupa 41 versículos, e a conversão de Paulo, 58 (Bíblia, 1991, p. 205). Para retratar a conversão, Lucas utiliza o recurso das repetições e sublinha a iniciativa divina que confere aos pagãos o direito de fazerem parte do povo de Deus (At 11,18). Além do mais, assim como aconteceu no nascimento da Igreja dos judeu-cristãos, em Jerusalém, no dia do Pentecostes (At 2,1-13), o dom do Espírito igualmente foi dado a Cornélio e a sua família (At 10,44-48), como o primeiro Pentecostes dos gentios (At 10,47).

Lucas, na sequência, retoma o martírio de Estevão e adverte sobre o motivo que levou os cristãos a se dispersarem, relatando então o nascimento da Igreja de Antioquia. Essa nova comunidade era autorizada pela de Jerusalém, representada por Barnabé (At 11,22). É em Antioquia que, pela primeira vez, os discípulos receberam o nome de *cristãos* (At 11,26). A comunidade de Antioquia, que se tornara um importante centro para os cristãos, era constituída por comunidade mista, formada por judeus e pagãos convertidos (At 11,20).

A repressão aos cristãos por parte do judaísmo continuava e fez sua primeira vítima no grupo apostólico: Tiago (At 12,2). Herodes, para agradar os judeus, "mandou prender também a Pedro" (At 12,3). Assim como acontecera com Jesus (Lc 22,1), Pedro foi preso nos dias próximos à Páscoa: "Era nos dias dos Pães sem fermento" (At 12,3). Para Lucas, concluir esse bloco com a morte de Tiago e a prisão de Pedro tinha coerência teológica (Lc 6,22-23), e é assim que ele encerra o protagonismo de Pedro e da Igreja de Jerusalém na primeira parte de sua obra. Os próximos relatos têm Paulo como grande protagonista (At 12,24-25).

A segunda parte da obra de Lucas (At 13-28) narra o testemunho missionário dos discípulos fora da Palestina, deixando o centro – Jerusalém. Havia chegado o tempo das viagens missionárias de Paulo, acompanhado de outros discípulos. Por meio dessas viagens, as testemunhas de Jesus abririam caminho até Roma: "os confins da terra" (Carmona, 2012b, p. 289).

O capítulo 13 começa com o envio de Barnabé e Saulo (At 13,2) pela Igreja de Antioquia e sublinha o papel do Espírito Santo (At 13,2.4.9). Saulo, que aparece pela primeira vez com o nome *Paulo*, partiu com Barnabé e João (At 13,5) para a missão destinada primeiramente aos judeus da diáspora (At 13,5.14) e, depois, aos pagãos. O destino primeiro foi a ilha de Chipre (At 13,4-12), onde ocorreu o conflito com o mago Elimas. A escolha pela localidade de Chipre poderia ser explicada pela origem de Barnabé (At 4,36), importante missionário da Igreja primitiva (Bíblia, 1991, p. 252).

Na sequência, o grupo missionário chegou a Antioquia da Psídia, e João (Marcos) voltou para Jerusalém (At 13,13b). Lucas narra o primeiro discurso solene de Paulo em Antioquia (At 13,16-41), dirigido aos judeus da diáspora. O público presente era formado, mais do que por judeus e simpatizantes do judaísmo (At 13,43), também por gregos que abraçaram a fé (At 14,1b). Logo, tiveram início os conflitos: "os judeus encheram-se de inveja, e com blasfêmias contradiziam ao que Paulo falava" (At 13,45).

Os sinais do poder de Deus que acompanhavam os apóstolos igualmente acompanhavam Paulo (At 14,8-10) em sua missão (At 14,8-10), e o missionário encontrou-se pela primeira vez diante de um público greco-pagão (At 14,11-18). A missão se concluiu com a perseguição por parte dos judeus, que instigaram o povo, que antes o glorificava (At 14,11), a apedrejar o missionário (At 14,19). Nesse ponto, há mais um paralelo com a exaltação e a Paixão de Jesus. Enfim, a primeira viagem missionária relatada no livro dos Atos dos Apóstolos termina (At 14,26).

O capítulo 15 apresenta uma questão que era importante para a nova comunidade – a circuncisão dos gentios e o comportamento das comunidades mistas (At 15,5-6.19-21) – e conta com o envolvimento dos dois centros de grande relevância para o movimento cristão: a Igreja de Jerusalém e a Igreja de Antioquia. Esse evento se constitui no primeiro concílio da Igreja. Foi com os doze, dos quais a palavra estava com Pedro e Tiago, que a Igreja de Jerusalém chegou a uma definição sobre a questão, de acordo com a vontade de Deus (At 15,8.10.14.16-17).

> Não se exagera a importância da reunião de Jerusalém quando é chamada de "concílio". [...] A assembleia de Jerusalém, segundo Lucas, constitui um divisor de águas, um eixo ao redor do qual gira a história da expansão do cristianismo. Esta proeminência teológico-literária dada ao encontro de Jerusalém favoreceu o seu processo de idealização, por isso torna-se o primeiro concílio, o modelo exemplar dos grandes sínodos ou assembleias conciliares que distinguiram a história das Igrejas. (Bíblia, 1991, p. 284)

A carta apostólica (At 15,22-29) levada a Antioquia tinha o peso da Igreja de Jerusalém: a autoridade desta foi mantida por Lucas, lugar de origem da comunidade cristã, com legitimação apostólica, representada nas pessoas de Judas e de Silas (At 15,22). Esse documento definia qual deveria ser a prática das Igrejas (At 15,28-29).

No bloco seguinte, Lucas descreve as missões de Paulo. O missionário, a princípio, tinha a intenção de retornar às comunidades fundadas em sua primeira viagem, porém essa missão tornou-se o início de uma nova grande viagem, que levou os evangelizadores a entrarem em contato com a atmosfera sociocultural das grandes cidades gregas. Além da condução divina, também a fragilidade das relações humanas aparece no texto (At 15,36-40).

A perícope sobre Timóteo (At 15,41-16,5) revela que Paulo se mostrou fiel observante das normas do judaísmo. Dessa maneira, Lucas enfatiza a continuidade entre as comunidades judaico-cristã e pagã-helenista. O texto oferece informações da viagem pela Ásia Menor e da chegada em Filipos, primeira comunidade fundada por Paulo (At 16,11b-15), em que a palavra foi anunciada a um grupo de mulheres. Nesse grupo se destacava uma personagem: uma mulher pagã, simpatizante do judaísmo, com o nome de Lídia. A respeito da perícope desse evento, a Bíblia Pastoral oferece um dado importante: ela se refere à fundação de uma nova comunidade na localidade de Filipos "formada por mulheres, lideradas por Lídia, que espontaneamente se reúnem à beira de um rio, fora da cidade. Certamente porque em Filipos não existe comunidade judaica. A residência de Lídia, transformada em igreja doméstica, logo se torna centro irradiador da missão" (Bíblia, 2004, p. 1347). A passagem diz, sobre Lídia, que "O Senhor lhe abrira o coração" (At 16,14).

No decorrer da obra, a missão é apresentada sempre com a prioridade do anúncio feito aos judeus (At 16,13.17,1-4.10.18,4) e menciona também a conversão dos gregos (At 17,4.34.18,4). Dignas de nota são a adesão à fé por parte das mulheres e seu protagonismo no livro dos Atos dos Apóstolos. Nomes como o de Lídia, Dâmaris e Priscila aparecem no texto (At 17,35; 18,3.26).

Chamamos a atenção para o discurso de Paulo em Atenas (At 17, 22-32), o segundo grande pronunciamento do missionário, nesse caso, dirigido aos gentios. Paulo usou recursos filosóficos em um ambiente totalmente helênico. O anúncio cristão nesse contexto partia da unicidade de Deus, criador do céu e da terra e governante do destino de todo ser humano: "contrastando com a vaga deidade ausente do epicurismo, o apóstolo referiu-se a Deus como imanente, contrastando com o Logos panteísta do estoicismo, e frisou a personalidade de Deus e a necessidade do arrependimento, que constituía o oposto do fatalismo estoico" (Tenney, 2008, p. 297).

A perseguição judaica se expressava de forma violenta (At 17,5.13) e, na perícope que relata a *Fundação da Igreja de Corinto* (At 18,1-11), Lucas sublinha a ruptura com o judaísmo em consequência de sua oposição ao anúncio (At 18,5-6). Nesse ponto da obra, encontramos a primeira mudança de narrador, pois Lucas passa a relatar os fatos usando a primeira pessoa do plural (*nós*) (At 16,10.11.12.15.16.17.23).

O capítulo 18 apresenta a fundação de Corinto e relata a presença de um casal, Áquila e Priscila, que coordenavam a comunidade (Bíblia, 2004, p. 1350). Um novo personagem surge nesse capítulo: Apolo, fervoroso discípulo do caminho (At 18,24-28), que viera de Alexandria, "ambiente onde surgiu a tradução da Bíblia em língua grega, conhecida como 'Setenta'" (Bíblia, 1991, p. 345). A narrativa demonstra que havia outro meio de encontrar Jesus Cristo (At 18,25) e apresenta aquele casal como catequistas de Apolo, responsáveis por um melhor esclarecimento sobre o "Caminho" (At 18,26). A perícope seguinte informa que existia uma confusão entre os batismos de João Batista e o de Jesus e "um pequeno Pentecostes acontece" (Bíblia, 2014, p. 1351).

Na sequência, Lucas relata a fundação da Igreja de Éfeso, cidade na qual Paulo esteve por dois anos (At 19,8-10), o maior período que o missionário permaneceu em uma das cidades que visitou – no capítulo 20, porém, há um discurso de Paulo no qual ele próprio declara que foram três anos (At 20,31).

Na última perícope desse bloco, que discorre sobre a missão e a fundação das Igrejas, Lucas destaca o poder que acompanhava Paulo – "Entretanto, pelas mãos de Paulo, Deus operava milagres não comuns" (At 19,11) –, e conclui a passagem, descrevendo que, mesmo com as perseguições e as dificuldades, ocorria um progresso crescente dos que acreditavam na palavra do Senhor (At 19,20).

A missão paulina continua a ser relatada no livro dos Atos dos Apóstolos. Agora, Lucas dá ênfase à viagem do grande missionário a Jerusalém. Ao falar sobre o projeto de Paulo (At 19,21-22), Lucas usa o mesmo vocabulário empregado em seu evangelho para descrever a decisão de Jesus: "Quando se completaram os dias de sua assunção, ele tomou resolutamente o caminho de Jerusalém e enviou mensageiros à sua frente" (Lc 9,51-52). Na decisão de Paulo de se dirigir a Jerusalém estava sua paixão, que se estenderia até Roma (Bíblia, 1991, p. 355), cidade em que o Evangelho de Cristo encontraria sua meta final.

O texto narra o forte conflito que acontece em Éfeso (At 19,23-40) entre o anúncio cristão e a idolatria que movia o lucro para alguns dos moradores daquela cidade, a ponto de dois discípulos correrem perigo: Gaio e Aristarco, companheiros de Paulo (At 19,29; 20,4). Entretanto, o missionário foi impedido de participar da exposição (At 19,31) e os cristãos foram inocentados pelo funcionário grego, que autorizou a missão cristã (At 19,37-40).

Um milagre de ressurreição é atribuído a Paulo, cuja perícope tem início com o indicativo de uma reunião litúrgica com caráter eucarístico e acontece no "primeiro dia da semana" (At 20,7), realizada em Trôade.

O terceiro grande discurso de Paulo foi proferido em Mileto e direcionado aos responsáveis pela Igreja de Éfeso (At 20,17), os presbíteros da comunidade em que Paulo havia passado mais tempo. "Na intenção do autor, as palavras de Paulo ultrapassam o círculo dos presbíteros de Éfeso e soam como ideal autorizado para todos os responsáveis das Igrejas" (Bíblia, 1991, p. 366). Foi um discurso de despedida (At 20,25), repleto de emoção (At 20,36-21,1), que trazia exortações e recomendações (At 20,28.31.33-35) e tinha estilo pastoral. A narrativa retoma o discurso na primeira pessoa do plural (*nós*) desde o capítulo 20 (At 20,7) e continua até o próximo (At 21,1-40). Reaparece, nesse trecho, a figura de Filipe (At 21,8).

Enfim, Paulo chegou a Jerusalém (At 21,17) e foi feito prisioneiro (At 20,17), acusado de ser contrário à Lei e ao Templo (At 21,28), assim como Jesus o fora.

Nos capítulos seguintes, Lucas apresenta três defesas de Paulo em relação às acusações que lhe renderam desconfiança no interior da comunidade lucana. A primeira, diante dos judeus em Jerusalém (At 22,1-21), trazia uma cena que lembrava Jesus quando este enfrentou o Sinédrio (At 23,2), evento relatado também nos três Evangelhos Sinóticos (Lc 22,63; Mt 26,67; Mc 14,64). Uma emboscada foi armada pelos judeus com a finalidade de acabar com a vida de Paulo (At 23,12-22).

A segunda defesa de Paulo é apresentada no capítulo 24, na passagem do processo diante de Félix (At 24,10-21). As acusações contra o missionário eram de sedição, heresia e sacrilégio, sendo a primeira a mais grave (At 24,5). Dessa maneira, o movimento cristão corria grande risco de ser entendido como subversivo, perigoso demais para a ordem pública (Bíblia, 1991, p. 404). Conforme o relato lucano, Tertulo se referia aos discípulos de Jesus com o nome de *nazareus*, que se explica por causa daqueles que seguiam Jesus, o nazareno (Lc 24,5). Os acusadores judeus preferiam esse termo ao título de *cristãos*, pois, para eles, utilizar essa palavra seria assumir o messianismo de Jesus. O motivo da viagem é revelado no decorrer da defesa de Paulo (At 24,17). O relato de Paulo sobre Félix era uma clara denúncia da incoerência das autoridades romanas com suas atitudes corruptas. Contudo, o missionário, ainda que inocentado, foi mantido na prisão.

Consciente de que as autoridades romanas em Cesareia estavam do lado dos judeus, Paulo apelou para César (At 25,11). Antes do missionário ser levado para Roma, porém, Lucas narra seu terceiro discurso de defesa, proferido, nessa ocasião, diante do rei Agripa (At 26,2-23) – Paulo teve a chance de se defender diante de alguém que conhecia bem o judaísmo, mas era independente em relação aos movimentos judaicos (At 26,3). As palavras do missionário nesse discurso tinham como destinatário principal o rei (At 26,2.13.19.26.27), e a fé na ressurreição foi colocada como motivo do processo (At 26,6-8).

O capítulo 27 do livro dos Atos dos Apóstolos inicia-se com um texto que lembra um diário de viagem, narrado todo na primeira pessoa do plural, e relata a partida de Paulo de Cesareia (At 27,1-2) até sua chegada a Roma (At 28,14), passando por Malta. "A viagem é descrita detalhadamente, já que se trata da chegada aos 'confins da terra', dando-se assim o cumprimento ao mandato de Jesus" (Carmona, 2012b, p. 289-290). A leitura do relato sobre a experiência da permanência de Paulo na ilha de Malta (At 28,11) chama atenção pelas informações de hospitalidade e de estima por parte de seus habitantes (At 28,2.7.10).

Ao chegar a seu destino final, Paulo se encontrou com os judeus de Roma (At 28,17), deu testemunho de sua fé e advertiu sobre as perseguições que sofrera ilegitimamente (At 28,18-20). A evangelização dos judeus, que percorreu todo o livro dos Atos dos Apóstolos, aparece igualmente em sua conclusão: em Roma, a palavra do Senhor foi dirigida primeiramente aos judeus, que a desprezaram, justificando, dessa forma, a salvação destinada aos gentios (At 28,28).

A obra lucana termina com Paulo encarcerado e, mesmo assim, promovendo a palavra de Deus (At 28, 30-31). Lucas não tinha a intenção de informar como terminou o processo de Paulo, por isso "a obra termina assim, aberta: os leitores devem continuar em suas próprias épocas o testemunho que está dando Paulo na prisão, apesar das dificuldades" (Carmona, 2012b, p. 290).

4.4 A comunidade por trás do livro dos Atos dos Apóstolos

A comunidade a quem foi destinada a narrativa dos Atos dos Apóstolos era formada, em sua maioria, por cristãos convertidos do paganismo. Tal grupo tinha, provavelmente, origem paulina. Desse modo, explica-se o papel fundamental de Paulo na obra de Lucas. Esse personagem ocupa dois terços da narrativa lucana e sua missão é descrita em paralelo com a de Pedro e ambos sendo apontados como exemplos de discípulos-missionários.

4.4.1 Questões da comunidade do livro dos Atos dos Apóstolos

Duas são as problemáticas que envolviam a comunidade à qual se dirigia o livro dos Atos dos Apóstolos: a interna e a externa. A seguir, apresentamos explicações sobre cada uma delas.

- **Problemática interna** – O livro dos Atos dos Apóstolos continua o Evangelho segundo Lucas e as intenções do autor ao narrar o tempo da Igreja era confirmar a fé e assegurar a comunidade cristã diante dos problemas vivenciados. Por isso, o livro traz uma catequese centrada no caminho profético da salvação, o qual tem como protagonista o Espírito Santo, que conduz e impulsiona a Igreja, que era responsável por testemunhar esse caminho no meio judaico, a princípio, em Jerusalém e, depois, no meio pagão, direção que ela encontrou para sua missão.

Para isso, era preciso superar os conflitos internos, como a morte de seus fundadores (Pedro, os onze apóstolos e Paulo) e o surgimento de falsos profetas, que provocavam confusão dentro da Igreja. Nessa etapa, era preciso discernir e esclarecer os critérios legitimadores que se desenvolviam tanto no campo doutrinal como institucional. Igualmente, era preciso assegurar essa comunidade que caminhava sob a autoridade e sob o testemunho dos apóstolos. Eram eles os doze, junto com o Espírito Santo, que conferiam legitimidade e autoridade de continuidade à comunidade cristã do livro dos Atos dos Apóstolos.

Os apóstolos foram os responsáveis pela transmissão da Tradição. A palavra transmitida fielmente e atualizada, por obra do Espírito Santo, é o que fez a Igreja crescer e progredir. Dela, da qual os doze são "ministério principal", nasceram também outros ministérios, gerados pelo Espírito (Carmona, 2012b, p. 340). Assim, as heresias que surgiram nessa etapa, o perigo dos sincretismos e da influência gnóstica foram combatidos na narrativa lucana, que deu direção e fortaleza à comunidade.

Outra questão interna apontada por muitos exegetas estava na finalidade apologética, desenvolvida na obra de Lucas, relacionada a Paulo, cuja figura ganha grande destaque na segunda parte da obra. O ministério apostólico de Paulo foi delineado pelas aparições de Jesus e pelo poder do Espírito que o acompanhou e o conduziu até Roma. Lá, ele cumpriu seu programa missionário que testemunhava Jesus (At 1,8). Lucas apresenta Paulo paralelamente a Pedro e conclui seu relato deixando aquele personagem encarcerado, como se quisesse convidar seus leitores na época a continuar seu testemunho mesmo em meio às dificuldades. Fato que é muito compreensível e aceitável por se tratar de uma comunidade fundada pelo próprio Paulo e que passava por problemas referentes à legitimidade de sua origem. Por isso, na narrativa de Lucas, Paulo teve primeiro uma legítima experiência com o Jesus ressuscitado, do mesmo modo que os doze (At 9,1-25), e contou com o reconhecimento dos apóstolos (At 9,26-30).

A respeito dos grandes conflitos internos, outro tema que ganha destaque na obra lucana é o da assiduidade (At 2,42). À comunidade, exigia-se uma constância diante do extenso caminho que deveria ser percorrido.

- **Problemática externa** – O livro dos Atos dos Apóstolos, assim como o Evangelho segundo Lucas, pretendia responder a duas questões externas: a descrença judaica e a salvação pagã. Esta última tem maior ênfase no tempo da Igreja, cuja missão supõe a evangelização de todos os povos (At 1,8).

A postura de perseguição por parte dos judeus definiu a configuração da Igreja no livro: tratava-se, predominantemente, de uma comunidade pagã-cristã. A salvação viria primeiro para o povo eleito e depois se direcionaria a todas as nações; entretanto, o povo da Antiga Aliança desprezou o messias de Deus. Aliás, no tempo da Igreja, desprezaram também Pedro e Paulo, pilares da comunidade. Junto com a descrição da perseguição e da rejeição por parte dos representantes judeus (At 4,1-22; 5,17-18; 9,23-24; 9,29) está implícita uma comunidade, mesmo que constituída majoritariamente por gentios, enraizada no povo judeu.

O texto ainda oferece aos cristãos uma justificativa diante do Império Romano, recordando a atitude positiva de suas autoridades em temas como a *cidadania romana*.

4.5 Dimensão teológica do livro dos Atos dos Apóstolos

A teologia do livro dos Atos dos Apóstolos, é claro, segue a teologia do Evangelho segundo Lucas, pois são obras do mesmo autor. A ideia e o interesse teológico de Lucas eram o caminho do Senhor, e por isso ele o descreveu como evento que aconteceu na história humana, em distintas etapas, as quais apresentamos, de maneira concisa, a seguir:

A **primeira etapa** é a do tempo da promessa, descrita no Antigo Testamento, fase da preparação de Israel; a **segunda etapa** é a do tempo do cumprimento dessa promessa, quando Jesus iniciou seu ministério salvador, desde a Galileia, realizando a obra de Deus no hoje, que é o tempo da graça, cumprindo seu caminho como profeta desprezado, assumindo a cruz e sendo ressuscitado pelo Pai, em Jerusalém.

A etapa do cumprimento continua no tempo da Igreja, em que, por meio dela, com a presença do Espírito, Jesus continua atuando. A comunidade cristã deve percorrer o próprio caminho, que se dá em seu testemunho de fé e abrange sua vida em todos os aspectos, inclusive no mais importante deles, refletido na práxis, ou seja, num novo modo de vida, que é presença e sinal do Reino já iniciado em Jesus e continuado pela Igreja. A comunidade cristã é conduzida e fortalecida pelo poder do Espírito Santo, oferecido como dom a judeus e a gentios, desde Jerusalém até "os confins da terra" (At 1,1-11). Na etapa da Igreja, são retomados e apresentados os grandes temas teológicos de Lucas no livro dos Atos dos Apóstolos, a seguir.

- **O caminho da Igreja** – A missão da Igreja teve início com a ressurreição de Jesus e dele recebeu o dom do Espírito, que a constituiu como comunidade profética, capacitada para oferecer a salvação do

Senhor. Desse caminho, Deus continua a ser o protagonista principal, pois é deste que vem a salvação da qual aquele consiste. O tempo do caminho do qual a Igreja está a serviço encontra-se, por conseguinte, entre o Reino já iniciado por Jesus – e nele próprio – e a responsabilidade da comunidade cristã, que começou logo após a ascensão dele e continua sua missão até o Reino futuro, escatológico – a parúsia do Senhor.

A missão que a Igreja deve exercer se concretiza num modo de vida novo, diferente, do qual Jesus Salvador é a razão. Ela coopera na missão de submeter tudo a Cristo. Por isso, a comunidade cristã testemunha sua palavra por meio de sua vida filial e fraternal e da proclamação do Senhor Jesus Exaltado.

- **Geografia do caminho** – A geografia do livro dos Atos dos Apóstolos corresponde ao projeto de Deus, desde Jerusalém, alargando seu território, passando pela Judeia até a Samaria e chegando a Roma, anunciando a salvação primeiro ao povo da promessa e constituindo um novo povo, formado por aqueles que livremente acolheram a palavra e tomaram parte na comunidade, formada por gentios. A rejeição a esse caminho reflete o trajeto do servo sofredor e o atualiza, com o qual Jesus se identificou e o qual ele viveu.

- **Espírito Santo** – É quem anima e conduz o caminho da Igreja. Já no Evangelho segundo Lucas, o autor ressalta a ação do Espírito que acompanhava e estava com os personagens principais do caminho: João, Maria, Isabel, Zacarias, Simeão (Lc 1,15.35.41; 2,25; 3,22). O Espírito Santo foi prometido aos discípulos (Lc 24,49), foi derramado sobre a Igreja (At 2,33) no dia do Pentecostes e permaneceu atuando nela para ungir, capacitar, dirigir e confirmar a comunidade cristã. E é esse Espírito que faz do caminho da Igreja algo profético. A Igreja viveu a experiência do Pentecostes, o batismo no Espírito. O livro dos Atos dos Apóstolos relata diversas experiências do Espírito, de acordo com a vontade de Deus: em Jerusalém, na Samaria, em Cesareia, em Éfeso (At 2,1-12; 8,14-17, 10,44-48; 19,6). A presença do Espírito é constante na Igreja e dá relevância a sua ação profética como comunidade. Para o autor do livro dos Atos dos Apóstolos, não havia relevância em uma justificação pessoal alcançada pelo batismo, mas em um dom que era comunitário; por isso, ele separou o ato do batismo do recebimento do Espírito, que aconteceu pela "imposição das mãos" dos apóstolos e também de Paulo (At 8,16; 10,47; 19,2-6). O recebimento desse dom supunha alguns passos: a conversão, o próprio batismo e o perdão dos pecados como consequência dessa conversão (At 2,38).

Nessa dinâmica de dom-capacitação, cabe à Igreja o lugar de dar a palavra e servir a ela, que é o anúncio da chegada do Reino por meio de Jesus e que continua se concretizando sob o impulso do Espírito Santo (Carmona, 2012b, p. 310). Por esse motivo, opor-se à palavra, ao testemunho dos cristãos, é resistir ao próprio Espírito Santo, como constantemente faziam os judeus no relato (At 7,51). Além disso, é o Espírito Santo quem garante os passos da Igreja – a atividade apostólica é iluminada e guiada por ele. Desse modo, o caminho é também apostólico.

- **Caminho apostólico** – O dom do Espírito Santo foi promessa feita aos doze escolhidos como apóstolos a fim de ajudá-los na realização de seu ministério de testemunhas fiéis e qualificadas (Lc 24,48-49; At 1,4-5) das obras e das palavras de Jesus. Assim, o marco desse dom continua a ser o dia do Pentecostes de Jerusalém (At 2,1-5), que foi sua primeira manifestação, e depois acompanhou os apóstolos em toda sua missão (At 4,8; 10,19; 11,12; 15,28) no testemunho da ressurreição (At 3,12-16; 4,8-12.19-20; 4,33; 5,29; 8,25; 9,32-11,18). Mais, o caminho apostólico era marcado por sinais (At 2,43; 3,1-10; 5,12.15-19) que acompanhavam suas testemunhas na proclamação das experiências vividas com Jesus de Nazaré: "Pois não podemos, nós, deixar de falar das coisas que vimos e ouvimos" (At 4,20). Para Lucas, no ministério principal da Igreja estavam os doze apóstolos, instituídos pelo próprio Jesus, e foi desse ministério principal que derivaram todos os outros, como a escolha dos diáconos (At 6,1-6) e o ministério de Filipe (At 8,4-40). A leitura dos textos lucanos mostra o respeito à autoridade e à missão apostólica por parte de Lucas – e é por isso que a Igreja era apostólica: ela estava em continuidade e em comunhão com os apóstolos. Dessa forma, aos seus líderes, os pastores responsáveis pelas diversas comunidades cristãs relatadas na obra lucana, foram aplicadas as mesmas instruções que Jesus deu aos doze (Lc 9,1-6; 22,14-38).

Quanto a Paulo, que não fazia parte do grupo dos doze, Lucas o compreendia como missionário, e não como apóstolo, mas com equivalência a eles. Paulo não era independente dos doze nem dependente deles. Aliás, o lugar do missionário da gentilidade na obra lucana é singular: ele estava em comunhão com os apóstolos, recorria a eles e os consultava. Por isso, sua obra missionária é colocada em paralelo com a de Pedro, tanto na pregação como nos sinais que acompanhavam sua vida-anúncio. Ainda, se compreendermos que o momento vivido era de crise na comunidade lucana, tanto em identidade como em continuidade com o tempo da promessa, o autor do livro dos Atos dos Apóstolos tinha a sua frente uma dificuldade de cunho teológico, representada pela rejeição em relação aos cristãos por parte dos judeus. Mais explicitamente, ela era "provocada pela persistente rejeição do evangelho por parte de ouvintes judaicos (At 13,46-47; 28,24-28) e pelo distanciamento gradativo de uma cristandade predominantemente gentílica do povo bíblico da promessa" (Dillon, 2011, p. 312). Por esse motivo, Lucas construiu a defesa e a justificação da atuação de Paulo (At 21,27-26,33), legitimando também a comunidade fundada por ele. Mesmo sendo um caminho apostólico, não significa que a missão tenha sido exclusiva dos apóstolos, visto que ela foi dirigida a toda Igreja, que foi convocada e enviada a dar o testemunho cristão da mesma forma que eles e junto com eles (Lc 10,1-24).

- **Caminho impossível de se extinguir** – A rejeição e a incredulidade judaica não puderam afetar ou bloquear o caminho de que a Igreja dava testemunho. Lucas descreve, em vários momentos de sua obra, a força desse caminho, que ganhava cada vez mais adeptos e rompia as barreiras geográficas judaicas, porque Deus mesmo é esse caminho. Por isso, as perseguições, em vez de impedirem a proclamação do Evangelho, a favoreciam (At 8,1-3; 11,19-21; 13, 50-14,1-7; 16,40-17,16).

- **Caminho da salvação** – No Evangelho segundo Lucas, Jesus foi quem instaurou o "ano da graça do Senhor" (Lc 4,18). Esse era o programa do evangelho, e Jesus o cumpriu no hoje de seu ministério. É ele quem veio evangelizar os pobres, perdoar os pecados e, mais do que proclamar a libertação, ele mesmo, em pessoa, era a própria proclamação de libertação de todo e qualquer tipo de prisão. Ele restituiu a visão aos cegos, fosse ela física, fosse espiritual, e libertou o ser humano de toda dor e da morte (Lc 7,18-23; 21,28). Nisso tudo é que se realiza a salvação – essa é sua abrangência.

A essa missão salvadora estava ligada à Igreja, na qual aquela tinha seu sentido. Caberia à Igreja proclamar o "ano da graça" – já iniciado por Jesus –, que continuaria a ser instaurado a cada dia presente nela – e por ela – no mundo, até sua plenitude escatológica. A maneira como vivia a Igreja na partilha dos bens, inspirada pelo Espírito do Senhor, expressava e concretizava a promessa do "ano da graça" feita desde a Antiga Aliança, pela qual, em seu meio – a comunidade – não deveria existir pobreza (At 2,42-47; 4,32-36).

Esse era o reinado de Deus já presente – com Jesus – e testemunhado na e pela Igreja. Um Reino que atingia todas as dimensões da vida humana de forma integral, do qual a comunidade de crentes era sinal de amor, misericórdia e fraternidade. Por esse motivo, não poderia ser esquecido aquilo que era o centro dos evangelhos e atestado pelas primeiras comunidades cristãs: o Evangelho era o anúncio, a Boa Nova, que chegava, de forma preferencial, aos pobres. Eles estavam entre os primeiros destinatários do Reino que se realizava e acabava com todo tipo de opressão. Foram eles que aderiram mais rápido ao messianismo de Jesus: os rejeitados pelo sistema religioso – pobres, marginalizados, coxos, cegos, crianças, mulheres, pecadores etc. Na Igreja cristã, o cuidado com a salvação integral da pessoa humana, que passava necessariamente pelo aspecto da fome, é sublinhado por Lucas em diferentes momentos de sua obra – tanto na primeira, o Evangelho, como no livro dos Atos dos Apóstolos. Tal tema será analisado mais detalhadamente no último capítulo desta obra, referente aos sumários das primeiras comunidades cristãs.

- **Salvação pela palavra** – A Igreja era proclamadora e oferecedora da salvação que vem de Cristo por meio do seu Espírito (At 2,47). Tratava-se de uma comunidade de testemunhas-profetas. O Espírito capacitou a Igreja para, por meio da palavra, oferecer a salvação a cada homem e a cada mulher. Essa palavra é graça (At 14,46) e salvação (At 11,14; 13,26; 16,17; 28,28), porque contém a salvação e conduz a ela (At 13,46), sintetiza toda sua mensagem (At 2,41; 4,29.31; 10,36; 13,44.49) e refere-se a todo processo relacionado a ela (At 6,7; 8,14.25; 11,1; 12,24; 14,25). Porém, apesar de todo seu poder, a palavra atingia o coração somente de quem a acolhia, e sua acolhida era sinal de conversão, que consistia em acreditar em Jesus como Messias, deixar de lado a incredulidade (At 2,38.40) e abandonar qualquer tipo de idolatria (At 17,30; 26,20), voltando-se para Deus e para Jesus (At 3,19; 20,21). A acolhida traduzida como fé é tão importante no livro dos Atos dos Apóstolos que Lucas define por algumas vezes o grupo dos discípulos com a palavra *crentes* (At 2,44; 4,32).

- **Agentes da salvação** – São Deus (At 28,28), obviamente, e Jesus, o enviado do Pai. Jesus, em sua atuação profética, obras e palavras, trouxe a salvação e a ofereceu durante o caminho da Igreja por meio do seu Espírito. De modo que a missão da Igreja, que se tornou por esse mesmo Espírito comunidade de testemunhas-profetas, está em receber essa salvação e oferecê-la (At 2,47). Além disso, conforme Lucas, não existe oposição entre a ação do Senhor por seu Espírito, realizada sem mediação eclesial, e aquela realizada por sua Igreja. Pelo contrário, ambas são ações complementares. Assim, a conversão de Saulo foi obra imediata de Jesus e também da Igreja à qual ele mesmo remetia (At 9,3-18), e, igualmente, a missão da Antioquia foi obra da comunidade e do Espírito (At 13,1-4), os presbíteros das Igrejas foram escolhidos por Paulo e pelo Espírito (At 14,23; 20,28) e não havia separação (Carmona, 2012b, p. 317).

- **Alcance da salvação** – A salvação oferecida por Deus e realizada em Jesus continua na Igreja, onde o Espírito opera. Ela tem alcance universal: seus destinatários são todos os homens e todas as mulheres e seus privilegiados continuam a ser os marginalizados, os pobres, embora sua abrangência seja universal. Dessa maneira, o livro dos Atos dos Apóstolos representa um passo importante e fundamental em relação à universalidade da salvação. Em sua primeira obra, Lucas já assinalava o alcance universal da salvação, como no texto da *Genealogia de Jesus*: Jesus é filho de Adão, o qual é pai de todos os seres humanos; como consequência disso, Jesus é irmão de todos (Lc 3,38). Mesmo que a etapa da promessa, assim como a do cumprimento, estivesse presa a seus destinatários judeus, os pilares da universalidade da salvação já eram mencionados pelo autor, que afirmava ser Jesus responsável pela salvação de todos os pecadores (Lc 5,31). Porém, é na etapa da Igreja, do seu caminhar de testemunha do Jesus ressuscitado, com o poder do Espírito, que a salvação seria oferecida a todos os seres humanos.

- **Destinatários privilegiados da salvação** – A salvação oferecida na Igreja é para todos, contudo, seus destinatários principais são, como já dissemos, os grupos marginalizados. Entre eles, no primeiro grupo, estão os pecadores. Lucas é um autor que destaca o amor misericordioso de Deus. Em sua obra, aos pobres, aos *anawim*, aos mendigos, aos humilhados, aos famintos, aos aleijados e às viúvas era oferecida a salvação, que os integrava e supria uma vida carente. Essa era a característica fundamental do Reino que deveria se realizar no seio da comunidade do livro dos Atos dos Apóstolos (At 2,45; 3,1-10; 4,34; 5,15; 6,1-7; 9,36.39b), como também em toda a Igreja de Jesus Cristo hoje. Destacamos também, no tempo da Igreja, o grupo dos perseguidos pelo anúncio. A obra lucana apresenta várias cenas de perseguição sofrida pela Igreja, inclusive por seus protagonistas principais: Pedro e Paulo (At 12; At 28).

A pobreza como escolha de forma de vida, no sentido de não se deixar levar pela cobiça ou pela idolatria ao dinheiro, proposta a todos os discípulos, colocava-os como destinatários privilegiados da salvação. Sua expressão como sinal de verdadeira fraternidade (At 2,44; 4,32.34) e a maneira como faziam uso dos bens materiais foram determinantes na acessibilidade aos bens escatológicos. A relação com a riqueza, que Lucas questiona e aponta em sua narrativa, era um obstáculo criado pela própria riqueza, e exemplo disso é o caso de Ananias e Safira, que foram incapazes de escolher a liberdade, fazendo-se alienados e escravos, distanciando-se assim do Reino e de sua possibilidade de relação filial e fraternal. Os textos veterotestamentários não viam como pejorativo todo tipo de riqueza, somente aquele de origem corrupta, injusta e que oprimia o pobre. O Novo Testamento continua nessa linha de pensamento (Tg 1,9-11; 2,5-13; 5,1-5). Os Evangelhos Sinóticos – e, nesse ponto, interessa-nos Lucas – e o livro dos Atos dos Apóstolos exortam a respeito do abandono de tal obstáculo (Lc 5,11.18; 14,33; At 2,44; 4,32.34.37), não entendido como partilha generosa; não para que os ricos se tornassem pobres ou os pobres se transformassem em ricos, mas para que, na partilha, fosse criado um mundo sem necessitados, em que não existisse mais miséria.

As mulheres, como grupo marginalizado, ganham destaque na obra lucana mais do que em qualquer outro livro do Novo Testamento. Entre as tantas colaborações que elas fizeram ao Reino de Deus, podemos mencionar que foram elas as primeiras a terem a experiência do Jesus ressuscitado e lhes foi dada a missão de levar essa notícia aos discípulos. No livro dos Atos dos Apóstolos, seu protagonismo e sua missão são mencionados desde o primeiro momento, junto ao grupo reunido em oração, perseverantes na espera da promessa do dom do Espírito (At 1,14). Elas igualmente eram presentes e ativas nas comunidades de convertidos (At 6,1; 9,39; 12,12-17; 16,14; 21,5; 17,4.34) e colaboradoras na missão apostólica (At 18,2.18.26; 21,9).

- **A salvação que se manifesta na alegria** – Como efeito do caminho salvador, está a alegria. No Evangelho segundo Lucas, ela sempre aparece como consequência da salvação oferecida por Deus e realizada em Jesus. O Evangelho da infância é marcado pela alegria dos anúncios e dos nascimentos dos protagonistas desse caminho (Lc 1,14.58; 2,10). Durante o ministério do Senhor Jesus, ela era manifestação da graça de Deus na vida de seu povo (Lc 13,17). A ressureição foi razão de muita alegria diante de um momento crucial na vida dos discípulos – em virtude de acontecimentos que pareciam encerrar aquela boa notícia (Lc 24,14.16-17) –; por meio dela, eles compreenderam o caminho da salvação percorrido pelo Cristo (Lc 24,41.52). O caminho da Igreja não poderia ser diferente, afinal, nela se estende o dom da salvação anunciado para além das fronteiras do judaísmo, manifestado na alegria do anúncio aos gentios (At 11,23; 13,48.52; 15,3). A vida comunitária, sinal da presença do Reino, era lugar de alegria (At 2,42), e os novos desafios e diretrizes que chegavam a essa comunidade, aberta à ação do Espírito, carregavam consigo a alegria de uma salvação que acolhia cada pessoa no modo em que ela se encontrava, como no caso dos cristãos convertidos do mundo helênico (At 15,30-31). A perseguição, vista como cumprimento e como consequência da evangelização no nome de Jesus, era motivo de alegria (At 5,41). Portanto, em Lucas, mais do que a própria alegria já expressa no anúncio do reinado de Deus, a resposta a esse anúncio era também a alegria (At 8,4.8.25.35.39).

Síntese

Neste capítulo, observamos que o livro dos Atos dos Apóstolos, também escrito por Lucas, apresenta o cristianismo como continuação do caminho da salvação oferecido por Jesus Cristo – não mais apenas aos judeus, mas também, e principalmente, aos gentios.

Vimos que a comunidade do livro de Lucas, fundada por Paulo, vivia um profundo conflito diante das acusações atribuídas a seu fundador e, por esse motivo, grande parte da obra é dedicada para legitimar a comunidade e reafirmar a fidelidade de Paulo.

Pudemos perceber, também, que a narrativa lucana tinha um programa específico: levar o evangelho de Jesus Cristo desde Jerusalém, onde a Igreja nasceu e progrediu, até Roma, de modo que chegasse a todas as nações.

Nesse sentido, destacamos ainda que o livro Atos dos Apóstolos se divide entre dois protagonismos: 1) o de Pedro e a importância da Igreja de Jerusalém; 2) e o de Paulo, suas viagens missionárias e a fundação de Igrejas. Desse modo, Lucas tinha a intenção de convidar os leitores de sua época, mesmo diante dos obstáculos, a perseverarem no caminho do Senhor.

Atividades de autoavaliação

1. A geografia apresentada no livro dos Atos dos Apóstolos tem, assim como nos textos sinóticos, finalidade teológica. Esse plano geográfico fundamenta o início da Igreja na Cidade Santa, Jerusalém, onde tudo fora consumado e era o lugar no qual deveriam permanecer os discípulos à espera da força do alto. Esse evento, prometido já no Evangelho segundo Lucas, é apresentado logo no início do texto, na perícope *Pentecostes*, acompanhada de um discurso de Pedro, o primeiro da narrativa (At 2,1-36). Com relação ao dom do Espírito, é **incorreto** afirmar:

    a) Um novo Pentecostes é narrado nas perícopes de At 4,23-31; 10,44-48.

    b) O capítulo 10 do livro dos Atos dos Apóstolos apresenta a total iniciativa divina no novo Pentecostes, também dirigido aos pagãos, representado nessa passagem pelo centurião romano Cornélio.

    c) O Pentecostes, em At 2,1-13, é narrado por Lucas por meio de uma forma literária conhecida como *estilo teofânico*.

    d) No livro dos Atos dos Apóstolos, o dom do Espírito é concedido apenas aos cristãos convertidos do judaísmo, povo da Antiga Aliança.

2. O livro dos Atos dos Apóstolos não tem a intenção de narrar os atos dos doze apóstolos, como alguns, sem conhecimento da obra, podem

pensar, mas pretende sublinhar o protagonismo de dois personagens importantes, um ligado ao grupo dos doze e à Igreja de Jerusalém e outro um grande missionário do mundo gentio. São eles:
a) Pedro e Tiago.
b) Barnabé e Paulo.
c) Pedro e Paulo.
d) Estevão e Paulo.

3. O dom do Espírito foi uma promessa feita aos doze escolhidos como apóstolos a fim de ajudar na realização de seu ministério de testemunhas fiéis e qualificadas (Lc 24,48-53; At 1,4-11) das obras e das palavras de Jesus Cristo. Para o autor do livro dos Atos dos Apóstolos, no ministério principal da Igreja estavam os doze apóstolos, instituídos pelo próprio Jesus, e era desse ministério principal que derivavam todos os outros. De acordo com essa afirmação, marque V para as afirmativas verdadeiras e F para as falsas:

( ) Do ministério dos doze deriva o ministério dos diáconos (At 6,1-6) e o de Filipe (At 8,4-40).

( ) Quanto aos líderes e aos pastores responsáveis pelas diversas comunidades cristãs relatadas na obra lucana, são aplicadas as mesmas instruções que Jesus deu aos doze no Evangelho segundo Lucas (Lc 9,1-6; 22,14-38).

( ) A Igreja dos Atos dos Apóstolos é apostólica, pois ela está em continuidade e em comunhão com os apóstolos.

( ) O papel de Paulo na obra de lucana é singular. O grande missionário da gentilidade está em comunhão com os apóstolos, recorre a eles e os consulta.

Agora, assinale a alternativa que apresenta a sequência correta:
a) F, F, V, V.
b) F, V, F, V.

c) V, V, V, V.
   d) V, V, F, F.

4. O anúncio cristão rompeu as barreiras do judaísmo e de Jerusalém e chegou ao mundo helênico. Lucas oferece ao leitor, por exemplo, o anúncio cristão feito por Paulo em Atenas (At 17,22-32). Como se dá o anúncio nesse contexto?
   a) Paulo apresenta o querigma e o Jesus ressuscitado.
   b) Paulo utiliza recursos filosóficos em sua pregação e parte da unicidade de Deus, criador do céu e da terra e governante do destino de todo ser humano.
   c) Paulo anuncia Jesus como o Messias prometido ao judaísmo e retoma a história desde a Antiga Aliança feita com os patriarcas, passando pelos profetas até o tempo do cumprimento e da missão da Igreja.
   d) Paulo utiliza recursos da cultura grega e anuncia o querigma de Jesus Cristo.

5. O capítulo 15 do livro dos Atos dos Apóstolos apresenta uma questão importante para a nova comunidade: a circuncisão dos gentios e o comportamento das comunidades mistas (At 15,5-6.19-21). Além disso, conta o envolvimento de dois centros de grande relevância para o movimento cristão. Esse evento se constituiu como o primeiro concílio da Igreja e é considerado um divisor de águas na história da expansão do cristianismo. Os dois centros envolvidos nesse concílio foram:
   a) A Igreja de Jerusalém e a Igreja de Éfeso.
   b) A Igreja de Jerusalém e a Igreja de Corinto.
   c) A Igreja de Jerusalém e a Igreja de Roma.
   d) A Igreja de Jerusalém e a Igreja da Antioquia.

Atividades de aprendizagem

Questões para reflexão

1. O texto dos Atos dos Apóstolos sobre a instituição dos sete (At 6,1-7) fala da necessidade de se assistir corretamente as viúvas do grupo dos helenistas. O trabalho é o serviço à mesa, segundo a perícope. Como você interpreta essa missão?

2. No livro dos Atos dos Apóstolos, Lucas desenvolve o caminho da Igreja, conduzido pelo Espírito que dava coragem e força para a comunidade. Pedro e Paulo são os grandes representantes da Igreja primitiva. Hoje, o grande representante da Igreja Católica é o Papa Francisco. Suas posturas vão ao encontro da verdade evangélica, e não deveria ser diferente. Você ouve ou se informa sobre os posicionamentos do Papa sobre os vários assuntos que abrangem a condição humana? Quais orientações do atual Papa poderiam ser conectadas ao livro dos Atos dos Apóstolos? Mencione algumas.

3. Os milagres e as curas narrados no livro dos Atos dos Apóstolos abrangem a situação da pessoa oprimida, excluída ou instrumentalizada. Faça uma leitura desse livro e identifique tais situações, explicando-as.

Atividade aplicada: prática

1. Elabore um questionário sobre o livro de Atos dos Apóstolos com perguntas relacionadas a seu conteúdo, como: Quem são seus personagens, quem é seu autor, do que o texto trata etc. Aplique esse questionário a um grupo de pessoas cristãs. Perceba se elas apresentam ou não dificuldades para responder a essas questões.

5
Paulo e as origens do cristianismo

No capítulo anterior, ficou clara a importância de Paulo de Tarso nos primórdios do cristianismo. Agora, discutiremos sobre o caminho percorrido por esse discípulo, exemplo de mudança de vida, de desapego de antigos paradigmas e aberto à revelação de Deus.

Veremos como ele levou o anúncio cristão de maneira apaixonada e foi até onde o Espírito o conduziu. Para isso, analisaremos de maneira mais detalhada a conversão de Saulo, suas viagens e sua chegada a Roma.

5.1 Introdução ao tema de Paulo e das origens do cristianismo no livro dos Atos dos Apóstolos

Paulo é um importante personagem das origens do cristianismo. O enorme progresso cristão que chegou até os "confins da terra" (At 1,8) é atribuído às obras desse obstinado missionário, que foi constituído o apóstolo dos gentios. De fato, depois de uma experiência com o Jesus ressuscitado, Paulo passou de perseguidor do novo movimento, que incomodava tanto os judeus, àquele que rompeu barreiras e enfrentou dificuldades e perseguições para cumprir seu chamado missionário, levando o Evangelho para além da Judeia e da Samaria, até Roma.

Paulo é, com certeza, um dos nomes mais conhecidos do Novo Testamento e é também de quem mais se tem informações, tanto pelas cartas que ele mesmo escreveu às comunidades quanto pelas informações encontradas no livro dos Atos dos Apóstolos. Ao lado de Pedro, ele é considerado um dos grandes pilares da Igreja Católica.

Na verdade, pela categoria que atribui Lucas à qualidade de apóstolo (At 1,21-22), Paulo não faria parte desse grupo. No entanto, o autor do livro dos Atos dos Apóstolos dedica ao missionário de Tarso dois terços de sua obra narrativa (Bíblia, 1991, p. 449).

Seja como for, Paulo de fato teve grande influência na Igreja dos primeiros séculos, inclusive após sua morte, o que leva Lucas a dar-lhe um papel tão importante em sua obra, que apresenta os primeiros trinta anos do movimento cristão.

A obra paulina, constituída pelas epístolas, é a que primeiro oferece um trabalho de síntese teórica a respeito do conteúdo da nova crença que se manifestava: a fé em Jesus Cristo. Aliás, os primeiros escritos do

Novo Testamento pertencem a Paulo, como a carta dirigida à comunidade de Tessalônica, escrita por volta do ano 50 d.C.

Lucas, no livro dos Atos dos Apóstolos, atribui a Paulo papel de primeiro plano, principalmente após o capítulo 13, deixando-o praticamente como único protagonista da sequência narrativa. O autor pouco informa a respeito de Pedro ou Tiago, mas sobre Paulo encontram-se importantes dados bibliográficos, principalmente nos discursos proferidos pelo missionário, tanto no processo de Jerusalém quanto no de Cesareia (Bíblia, 1991, p. 450). Isso se deve ao fato de que autor tinha uma intenção apologética em relação a esse grande missionário da Igreja. Entre os objetivos lucanos, está a apresentação da origem e do progresso do movimento cristão, de maneira ininterrupta, desde Jerusalém até Roma, do judaísmo palestinense aos judeus da diáspora, do mundo helênico ao pagão.

Contudo, no que se refere ao ministério de Paulo, Lucas desenvolve sua missão em três momentos específicos: em sua conversão e a primeira atividade como missionário (At 7,58; 8,1-13; 9,1-10; 11,26-10; 12,25); em sua atuação como missionário fora da Palestina, na diáspora judaica e no mundo dos gentios (At 13,14; 16-21); e em sua prisão como consequência do processo que começou em Jerusalém, passou por Cesareia e chegou a Roma, etapa que proporcionou a Lucas a possibilidade de uma ampla apologia sobre o missionário.

O ponto fundamental sobre Paulo oferecido no livro dos Atos dos Apóstolos é sua reabilitação diante de uma comunidade majoritariamente de origem paulina, da qual Lucas é escritor. Nessa comunidade, a imagem de Paulo estava enfraquecida por conta de acusações, inclusive de apostasia, em relação ao judaísmo.

Portanto, já que Lucas escrevia em uma comunidade de origem paulina, ele recordou o passado judaico e a formação que teve o grande missionário, expondo com relevância a ligação e a intimidade de Paulo com o judaísmo ortodoxo e sua fidelidade à tradição judaica, a fim de refutar as acusações atribuídas a ele, como: apóstata da lei judaica, contrário à tradição e dessacralizador de tais tradições. Assim, o autor insiste na fidelidade de Paulo à Lei e à tradição judaica, mesmo antes de sua conversão (At 22,3; 26,4-5), inclusive quando relata a fidelidade representada na defesa do dogma da ressurreição dos mortos, importante para a corrente farisaica (At 23,6; 24,15; 26,6; 28,20).

A atividade missionária de Paulo igualmente desmente a acusação de antijudaísmo conferida a ele, mostrando que ele se preocupava em anunciar Cristo aos judeus, até mesmo aos da diáspora. De acordo com o livro dos Atos dos Apóstolos, Paulo sempre foi primeiro ao encontro dos judeus nas sinagogas, e só quando era hostilizado por eles é que se dirigia aos pagãos (At 18,9-10; 22,17-21). Assim, as autoridades romanas envolvidas no processo contra Paulo concluíram a inocência do apóstolo (At 23,29; 26,31), pois os que se faziam hostis a ele, na obra lucana, eram os judeus (At 24,5; 25,8; 28,17).

Contudo, Paulo aparece nos textos como uma corajosa testemunha de Jesus Cristo, incansável em sua missão, exemplo de bom pastor, cheio de cuidados para com a Igreja (At 20,18-35). Mais do que isso, o missionário é um modelo a ser imitado por todos os discípulos, daquele tempo e de hoje.

5.2 Conversão de Paulo na obra lucana: uma reviravolta histórica

Em sua obra, Lucas dedica quase um capítulo inteiro para narrar a conversão de Saulo, um fanático perseguidor do movimento cristão que, graças à intervenção divina, transformou-se num grande missionário do cristianismo.

O autor do livro dos Atos dos Apóstolos relata o encontro inesperado e profundo entre Saulo de Tarso e o Jesus Cristo ressuscitado, acontecimento tão importante que se constituiu numa "reviravolta histórica na expansão do movimento cristão" (Bíblia, 1991, p. 185). Para narrar esse episódio, Lucas utiliza o recurso das repetições e, embora com algumas mudanças, traz o relato mais duas vezes dentro da obra: em Jerusalém e em Cesareia. O objetivo dessa repetição é teológico e, dessa maneira, o autor pretendia dar legitimidade à passagem da missão cristã do meio judaico para o mundo pagão e, ao mesmo tempo, oferecer autenticidade à missão de Paulo, que não fez parte do importante grupo de Jerusalém, o núcleo apostólico, ou seja, os doze.

Logo no início da perícope sobre a conversão do missionário, Lucas oferece um dado significativo: "Saulo, respirando ainda ameaças de morte contra os discípulos do Senhor" (At 9,1). As informações apresentadas nos dois primeiros versículos da perícope (At 9,1-2) apontam Paulo como o protagonista principal da repressão endereçada aos cristãos e permitem ao autor apresentar um forte contraste entre Saulo antes da experiência com Cristo e depois dela.

Nos versículos centrais do relato (At 9,3-9), que contam a experiência do encontro de Saulo com Jesus, Lucas inspirou-se nos modelos literários da tradição bíblica da tradução da Setenta, que narram as experiências de encontro com Deus ou com seus enviados: "uma luz", a "voz" que chama Saulo, a "reação" de Saulo e dos que o acompanhavam. O que o autor pretendia destacar na narrativa é que todo o evento da conversão de Saulo aconteceu pela iniciativa divina.

A resposta de Jesus ao questionamento do perseguidor sobre de quem era a voz é fundamental na perícope: "Eu sou Jesus, a quem tu estás perseguindo" (At 9,5). Nessa passagem, Jesus identifica-se com sua Igreja perseguida (Lc 10,16), e a perseguição assinala o ponto que faz Saulo transformar de maneira radical seu tipo de relacionamento e seu destino em relação a Cristo.

A visão de Ananias (At 9,10-16), a missão dada a ele pelo Senhor e sua obediência e a realização da missão (At 9,17) confirmam na perícope a iniciativa divina, que, para Lucas é a única causa dessa transformação. Ela aconteceu pela ação poderosa e gratuita de Deus. No diálogo entre Ananias e o Senhor, foi anunciada a missão do novo apóstolo: Paulo seria o evangelizador dos pagãos e enfrentaria suas consequências: "Vai, porque este homem é para mim um instrumento de escol para levar o meu nome diante das nações pagãs, dos reis, e dos filhos de Israel. Eu mesmo lhe mostrarei quanto lhe é preciso sofrer em favor do meu nome" (At 9,15-16).

Além disso, a experiência do encontro com Jesus lembra a dos profetas do passado, que, diante da manifestação divina, caíam por terra. Todavia, Paulo se encontrava cego. Tal cegueira é significativa, pois se tratava de um homem que acabara de ver o esplendor da face de Jesus Cristo, e a retomada de sua visão aconteceria no batismo, conclusão do caminho catecumenal de Paulo, iluminado pela fé. Essa deve ser a conclusão do caminho feito por todos os cristãos.

À Igreja de Damasco foi dada a responsabilidade sobre o novo discípulo: no interior dessa comunidade o recém-convertido foi iniciado. Assim, a atividade missionária de Paulo teve origem em Jesus, porém se concretizou na continuidade histórica da Igreja, como já mencionamos no ponto sobre a teologia dos Atos dos Apóstolos, no capítulo anterior. A comunidade cristã de Damasco era o espaço humano onde o perseguidor recebeu a fé e o batismo, sinais visíveis do dom do Espírito. O relato se conclui com a alusão de uma refeição: "e, tendo tomado alimento, sentiu-se reconfortado" (At 9,19), no que, para muitos estudiosos, não é exagero ver uma "alusão à eucaristia" (Bíblia, 1991, p. 189).

Na sequência, a obra de Lucas menciona a primeira atividade missionária de Paulo em Damasco, junto à sinagoga judaica, onde ele proclamou o Evangelho de Jesus Cristo (At 9,19-20). Essa informação confirma a incontestável conversão espiritual de Paulo e enfatiza seu crescimento na fé (At 9,22). A audácia e a coragem do missionário lembram a pregação de Estêvão. Os protagonistas da rejeição e da perseguição continuam sendo os mesmos: os judeus, que não perdoavam Paulo e o viam como um apóstata do judaísmo.

Dentre as informações trazidas pelo livro dos Atos dos Apóstolos e pelo epistolário paulino, percebemos facilmente algumas divergências. Contudo, também nos é possível encontrar semelhanças e fundamentos. Segundo Paulo, sua atividade não foi imediata em Damasco e ele dirigiu-se à Arábia, de onde retornou a Damasco, mas foi forçado a fugir para não morrer (Gl 1,13.15; 2Cor 11,32-33), de maneira que voltou mais tarde. Na epístola de Paulo endereçada à comunidade de Corinto, o missionário descreve as consequências de sua conversão e de sua missão e, igualmente, menciona o acontecimento da fuga de Damasco (2Cor 11, 21-29). As intenções de Lucas ao escrever seu relato já são conhecidas: era preciso garantir a continuidade de Paulo com a Igreja, que teve início no evento de Pentecostes, como também legitimar sua autoridade apostólica aprovada pelos doze.

5.3 Primeira viagem missionária

A primeira viagem missionária narrada no livro dos Atos dos Apóstolos tem duas características importantes: em primeiro lugar, ela é uma realidade histórica, e não fruto ou construção da imaginação do autor, ou seja, é elemento constitutivo do progresso do cristianismo; em segundo lugar, ela é uma realidade espiritual. O Espírito Santo fortalecia e guiava a comunidade cristã desde o Pentecostes e conduzia os apóstolos e os discípulos. Dessa forma, repleto do Espírito Santo, Paulo realizou sua missão (At 13,1-4.9.52).

Nos primeiros versículos da viagem, sobressaem a confiança e a obediência da Igreja da Antioquia ao Espírito Santo (At 13,1-3). Nessa passagem, Lucas apresenta uma lista de cinco líderes daquela comunidade, aberta ao Espírito de Deus (At 13,1). Outras duas listas já tinham sido citadas anteriormente na obra: a dos doze apóstolos (At 13,13) e a dos sete, a serviço da *koinonia* (At 6,5). Entre os nomes que aparecem nessa lista, destaca-se o de Barnabé, o primeiro a ser citado. Esse discípulo respeitado na Igreja de Jerusalém devia ser muito influente na Igreja da Antioquia. Já o nome de Saulo aparece no final dessa lista. Entretanto, a escolha feita de acordo com a vontade do Espírito recaiu sobre Barnabé e Saulo. Esses "dois homens foram consagrados pela igreja para essa nova tarefa e foram enviados para essa missão" (Tenney, 2008, p. 268).

A viagem missionária relatada no livro dos Atos dos Apóstolos seguiu um movimento circular. Partiu de Antioquia e retornou a ela, realizando o seguinte trajeto: Antioquia da Síria; comunidade-base; seguiu em direção às cidades de Chipre, Salamina e Pafos; depois foi a Antioquia da Psídia, a Icônio, a Listra e a Derbe; no retorno, os missionários fizeram o mesmo caminho de volta a Antioquia, acrescentando, no percurso, uma nova localidade, Perges.

A evangelização nessa etapa teve como ambiente as cidades, um meio urbano e "religiosamente qualificado" (Bíblia, 1991, p. 248). Os destinatários eram primeiramente os judeus e os simpatizantes do judaísmo, mas a missão alcançaria, além deles, os pagãos.

A missão chegou às sinagogas da ilha de Chipre, e a narrativa insere um novo nome ao grupo dos missionários: João Marcos (At 13,5b). Na sequência, Paulo encontrou seu primeiro conflito: um embate com o sincretismo judaico existente na ilha, representado por Elimas, o mago. O conflito se encerrou numa certeza: o poder que acompanhava Paulo era maior do que o da magia. E é no contexto dessa viagem missionária que Lucas, pela primeira vez, apresenta o cognome romano *Paulo* em sua obra, e assim o mantém até o final da narrativa.

A missão continuou entre os judeus (13,14b). Um traço importante na obra lucana é que os judeus eram sempre os primeiros destinatários do anúncio cristão (14,1.44.46).

Interessante e curiosa foi a atitude de João Marcos, que, por algum motivo não relatado no episódio, deixou a missão e voltou a Jerusalém (At 13,13a). O relato dessa primeira viagem nos proporciona uma melhor compreensão sobre a maneira como era feito o anúncio cristão, que poderia ser igual no tempo de Lucas.

O anúncio cristão, segundo os textos, tinha três características importantes: 1) trazia uma síntese histórica da experiência de Israel com Deus salvador, desde os patriarcas até Davi, e incluía a voz de João, o último profeta que uniu o tempo da promessa ao tempo do cumprimento, precursor da vinda do Messias (At 13,16-25); 2) o querigma cristão, que era o anúncio da salvação dada na morte e na ressurreição de Jesus como o último evento a ser cumprido, de acordo com a promessa de Deus relatada nas Sagradas Escrituras (At 13,26-37); 3) o convite à conversão, o acolhimento de Jesus como Senhor e Salvador que libertou o ser humano do peso do erro e da morte, por meio da remissão dos pecados.

A conclusão após a escuta da mensagem cristã continua na dinâmica que se apresenta em toda obra: rejeição-acolhimento. Ainda que rejeitada pelo povo escolhido (At 13,50), a missão cristã contou com a adesão de judeus, prosélitos (At 13,43) e gregos (At 14,1b). Porém, é a recusa que justificava a constituição do novo Israel: "nós nos voltamos para os gentios" (At 13,46). A missão que se fez tão fecunda nessa viagem não escapou da perseguição violenta (At 13,50. 14,2.5-6.19b), mas a rejeição, como sempre, tornou-se motivo da expansão do movimento cristão (At 14,6).

Entre as experiências da comunidade missionária, a obra de Lucas apresenta mais uma maneira de anunciar Jesus Cristo, agora num ambiente no qual o público era constituído por espectadores do mundo greco-pagão. Nesse ambiente, a pregação cristã se acomodou e iniciou seu anúncio considerando a alienação daqueles irmãos (At 14,16). A pregação na cidade de Listra constitui um exemplo de como se dava a proclamação da salvação no interior da religiosidade pagã, no ambiente cultural grego, em que os missionários acenavam não a Jesus, mas ao Deus criador (At 14,15-16).

A viagem missionária, que teve início com a obediência e a confiança no Espírito, da mesma maneira é concluída: jejum e oração eram as bases fortalecedoras dos discípulos. O retorno a Antioquia aponta a iniciativa divina em todos os passos da comunidade missionária (At 14,27).

Podemos dizer, portanto, que "A importância dessa viagem dificilmente poderá ser exagerada" (Tenney, 2008, p. 270): nela, Paulo teve um papel fundamental que o elevou ao papel de líder da Igreja.

5.4 Missão e fundação das igrejas

A importante missão de levar a Boa Nova de Jesus aos "confins da terra" (At 1,8) envolvia também a formação e a condução das comunidades cristãs (At 15,36). Os integrantes dessa viagem missionária foram Paulo e Silas, acompanhados, mais tarde, por Timóteo (At 16,1-3). O Espírito Santo e a revelação divina continuaram acompanhando e guiando os missionários (At 16,6-10), como na primeira viagem. Entretanto, apesar de que, a princípio, o objetivo da viagem era visitar as comunidades fundadas na primeira missão, sugerido por Paulo, o que aconteceu foi o início de uma nova e grande viagem, que levou a comunidade missionária a se encontrar com o ambiente sociocultural helenista das grandes cidades gregas (Bíblia, 1991, p. 308).

O contexto anterior a essa viagem é o da Assembleia de Jerusalém, e isso sugere que a aquela tinha a finalidade de informar a conclusão desta aos irmãos das Igrejas da diáspora. Contudo, na passagem sobre a adesão de Timóteo ao grupo missionário, Lucas relata a necessidade que Paulo teve de fazer a circuncisão judaica naquele que era nascido de mãe judia e, portanto, fazia parte do povo de Israel por direito (At 16,3). O relato desse acontecimento pode ser confuso, mas Lucas não deixa a situação sem explicação: "esse ato não era um repúdio ao princípio de que os gentios não precisavam submeter-se à Lei, pois Timóteo não podia ser considerado gentio; era uma concessão pessoal que não violava qualquer princípio; ao contrário, removia um obstáculo ao trabalho ulterior entre os judeus dessa região" (Tenney, 2008, p. 288).

O caminho da nova etapa da Igreja era sempre de condução divina, manifestada, nesse ponto do relato da viagem, por meio de uma visão (At 16,9), e a direção agora era a Macedônia. Nesse ponto, o autor adota a primeira pessoa do plural para continuar sua narrativa: "procuramos" (At 16,10.11.12.15.16.17.22), o que lembra um diário de viagem. A chegada a Filipos trouxe algumas novidades à história: no sábado, não tendo sinagoga em Filipos, os missionários se dirigiram a um "lugar onde parecia-nos haver oração" (At 16,13) e encontraram um grupo de mulheres (At 16,13-15), entre as quais se destacava Lídia. É na conversão dessa mulher que o relato se concentra: "primícias do novo mundo greco-macedônio" (Bíblia, 1991, p. 314).

A segunda viagem missionária teve também os tons dramáticos da perseguição ao movimento cristão, dessa vez por parte dos pagãos, que se sentiam ameaçados pelo anúncio da salvação em Jesus Cristo, concretizado na libertação de uma jovem (At 16,16-24). A sequência da história sublinha a importância de Paulo como grande protagonista do anúncio. O nome de Paulo aparece, pelo menos, 38 vezes na narrativa dessa viagem. Essa etapa se conclui na casa de Lídia (At 16,40), lugar de reunião da nova comunidade.

O texto segue com a insistência entre o anúncio aos judeus (At 17, 1-3.10) e a rejeição manifesta por eles (At 17,5-9.13). Porém, havia sempre quem acolhia a fé (At 17,12). No episódio de Atenas, Paulo falou sobre a busca humana de Deus, numa evangelização que visava a um público que não fazia parte do povo de Israel. A dinâmica *procurar-encontrar* (At 17,27), usada pelo apóstolo nesse anúncio feito aos pagãos, tem origem bíblica (Sb 13,6), assim como outros temas que o missionário usou em sua pregação, que se concentrou em apresentar aos atenienses o verdadeiro e único Deus, denunciando de forma implícita sua idolatria.

Depois de Atenas, Paulo se dirigiu a Corinto, lugar em que fundou uma Igreja e permaneceu por um ano e meio "ensinando entre eles a palavra de Deus (At 18,11). A fundação da Igreja de Corinto é "uma das mais importantes missões de Paulo" (Dillon, 2011, p. 375). Ainda que o material lucano não ofereça os detalhes que aparecem nas cartas direcionadas a essa Igreja, o relato traz notícias fidedignas a respeito dessa missão. Lucas, nessa passagem, menciona os nomes de Áquila e de Priscila, que formavam um casal judeu com o qual Paulo se encontrou no ambiente de trabalho (At 18,3). "Não sabemos se eram convertidos cristãos antes de chegarem a Corinto, ou se eles se converteram graças ao contato com Paulo. Seja como for, foi junto dessas pessoas que Paulo encontrou abrigo, emprego e comunhão" (Tenney, 2008, p. 299). A importância desse casal ganha destaque mais à frente da narrativa: Priscila e Áquila seriam colaboradores da missão paulina em Éfeso (At 18,18-19).

A missão de Paulo, constituída pelo anúncio do caminho da salvação, tem sempre a mesma trajetória na narrativa lucana: primeiro, o missionário procurava e fazia o anúncio aos judeus (At 18,4-5) e, só depois da rejeição judaica, dirigia-se aos gentios (At 18,6.12-13).

Lucas menciona o importante encontro de Paulo com o procônsul Galião, em Corinto, representante importante da autoridade romana. Nesse encontro, promovido pelos judeus, o movimento cristão recebeu o reconhecimento público de sua inocência diante da política romana, ainda que a inveja dos judeus aparecesse de maneira violenta (At 18,16). O elemento central do relato é a visão-sonho citada pelo autor (At 18,9-10), que assegurou a Paulo a proteção de Deus sobre sua missão até a conclusão de sua estadia em Corinto, diante do procônsul romano (Dillon, 2011, p. 376).

Na sequência do relato, de forma breve e súbita, percebemos o início de uma terceira viagem missionária (At 18,22-23). Os versículos parecem sugerir uma parada em Jerusalém, mas não a confirmam. O fortalecimento das comunidades é responsabilidade e ocupação de seus fundadores: "confirmando todos os discípulos" (At 18,23). O personagem que entra em cena logo na primeira perícope dessa etapa tem relevo na carta de Paulo aos coríntios (1Cor 3,1-11): Apolo, natural de Alexandria, onde havia uma importante comunidade cristã, e onde, anteriormente, houvera uma grande comunidade judaica da diáspora (At 18,24b), embora o autor do livro dos Atos dos Apóstolos não a mencione em seu texto. O que a perícope nos oferece é o conhecimento de que o anúncio cristão poderia ter outras vertentes, ou seja, Lucas demonstra que existia

> um mundo cristão muito mais variado e diversificado do que se propõe o seu relato unitário e selecionado dos Atos. A experiência cristã, que Lucas chama o 'caminho de Deus' ou 'do Senhor', segue percursos diversos, que vão de um cristianismo arcaico, pré-pentecostal, ao carismático e espiritual. (Bíblia, 1991, p. 346)

Um casal já conhecido em Corinto, na etapa da segunda viagem, reapareceu, e não é por acaso que o nome de Priscila é citado primeiro na narrativa[1]: o texto aponta que foi dela a nova iniciativa missionária (At 18,26). Em Éfeso, Lucas retoma a importância do dom do Espírito, recebido pela imposição das mãos dos apóstolos (At 19,6), e o que acontece é um novo Pentecostes. Desse modo, o escritor sublinha a importância da comunhão com os apóstolos e afirma que somente nela se recebe o dom do Espírito (At 18,2-3).

A perícope que faz referência aos discípulos de João Batista demonstra como "movimentos situados à margem de sua história linear foram integrados na missão traçada pelos apóstolos" (Dillon, 2011, p. 377). O esquema traçado por Lucas continua até no final do relato da viagem: "Paulo foi à sinagoga onde, durante três meses, falou com intrepidez, expondo e tentando persuadir sobre o Reino de Deus. Alguns, porém, empedernidos e incrédulos, falavam mal do Caminho diante da assembleia. Afastou-se, então, deles" (At 19,8-9). Porém, nada impedia que a palavra do Senhor fosse anunciada (At 19,10).

A última perícope dessa etapa aborda a atividade taumatúrgica de Paulo na localidade de Éfeso (At 19,11-12), a inútil função do nome de Jesus por aqueles que não criam nele (At 19,13-16) e a reação diante da consequência da contraposição entre o evangelho e a magia (At 19,17-19). A fé cristã venceu o obstáculo do sincretismo pagão, numa situação que parece lembrar o episódio do mago Elimas (At 13,4-12) no relato da primeira viagem missionária. A passagem reafirma o interesse entre magia e lucro (At 19,19).

---

1 Os nomes que aparecem nos textos bíblicos têm grande importância. Cada nome citado traz em si a característica da personagem no texto. Quando mencionado junto a outros nomes, como numa lista, e um deles é citado em primeiro lugar, ressalta ainda mais sua relevância, como no caso de Pedro, que, nas listas evangélicas sobre a escolha ou a instituição dos doze, está sempre na frente dos nomes dos outros apóstolos (Mc 3,13-19; Mt 10,1-4; Lc 6,12-16). Isso reflete a autoridade e a importância do apóstolo. Assim, o nome de Priscila, uma mulher, mencionada antes do nome do cônjuge na perícope, sugere sua importância e sua iniciativa como discípula do Senhor. "Tanto é verdade que uma certa tradição manuscrita tentará inverter a ordem dos nomes" (Bíblia, 1991, p. 346).

Não obstante, a salvação oferecida por Jesus Cristo era um dom que acompanhava seus discípulos no anúncio e era recebida por aqueles que acolhiam sinceramente a fé em Cristo e se colocavam no caminho.

5.5 Paulo: o "apóstolo" que conclui a missão "até os confins da terra"

No livro dos Atos dos Apóstolos, a missão paulina, chegando a seu término, identifica-se com o destino de Jesus: "Quando se completaram essas coisas, Paulo tomou a resolução de dirigir-se a Jerusalém [...]. Enviou, então, à Macedônia dois de seus auxiliares" (At 19,21-22), o que se relaciona ao texto de Lucas (Lc 9,51-52). O que o narrador pretendia era descrever a paixão de Paulo, que começou em Jerusalém e o levou até Roma.

Um forte conflito em Éfeso é narrado por Lucas: os amigos de Paulo não permitiram que o missionário se expusesse, tamanho era o risco que ele corria (At 19,30). Esse conflito estava relacionado ao interesse econômico que envolvia a idolatria em Éfeso. Entre os sinais que acompanharam Paulo, estava também uma ressurreição (At 20,7-12), que aconteceu "no primeiro dia da semana".

A perícope do adeus aos anciãos de Éfeso constitui um "discurso que tem grande valor como um guia para compreender como o autor dos Atos vê os presbíteros (cf. At 14,23) que herdam de Paulo o cuidado da Igreja" (Brown, 2012, p. 433). É interessante notar que a passagem traz uma sentença de Jesus que não é encontrada nos evangelhos (At 20,35). Quem conduzia toda a missão era sempre o Espírito, por isso, na triste despedida aos pastores das Igrejas, Paulo, depois das instruções e exortações, orou com eles (At 20,36). A despedida tem tons de definitiva, em vista do perigo que corria o missionário (At 21,1).

A subida a Jerusalém é narrada de forma concisa, contínua e rápida. Os discípulos e companheiros de Paulo tentaram impedir o destino do missionário, conscientes das consequências que os esperavam. Eles diziam a Paulo que não subisse a Jerusalém: "O homem a quem pertence este cinto, assim o prenderão em Jerusalém os judeus, e o entregarão às mãos dos gentios. [...] começamos a suplicar a Paulo que não subisse a Jerusalém" (At 21,1-14).

A chegada em Jerusalém foi marcada pela acolhida de Tiago, responsável por essa comunidade, e pela informação da acusação feita a Paulo: levar os judeus da diáspora a "apostatarem de Moisés" (At 21,21) e não seguirem as tradições judaicas. O problema que Lucas traz à tona nessa etapa é a questão da "relação entre a fé cristã e a lei judaica" (Bíblia, 1991, p. 382). O autor do livro dos Atos dos Apóstolos apresenta Paulo, desde sua conversão, como o grande missionário cristão observador e praticante da fé judaica. O apóstolo, em suas campanhas missionárias, sempre priorizou a sinagoga, e só quando esta rejeitava o Evangelho é que ele se dirigia aos pagãos. Paulo realizou a circuncisão de Timóteo (At 16,1-5), cumpriu o voto do nazireato (At 18,18) e aceitou a proposta dos dirigentes da Igreja de Jerusalém a fim de dissipar a perseguição dos grupos mais intransigentes do judaísmo. Contudo, foi no Templo que Paulo foi sentenciado à morte pelos judeus (At 21,27.30-31.36).

No discurso de Paulo em Jerusalém, sobressai sua fidelidade à religião judaica e a lembrança de Saulo perseguidor do caminho, bem como o encontro que se deu nesse trajeto. A mensagem termina com a afirmação de Paulo como missionário cristão dos gentios (At 22,1-21).

Na sequência, a cidadania romana de Paulo, enfim revelada, muda completamente a relação entre o corajoso cristão e aquele que representa a autoridade romana: o tribuno (At 22,25-29).

A narrativa apresenta então o discurso de defesa de Paulo diante do Sinédrio. As acusações contra Paulo citadas nessa passagem estavam relacionadas às enfrentadas por Jesus, relatadas no Evangelho segundo Lucas (Lc 22,63-71), às enfrentadas por Pedro e João (At 4,5-22) e também às enfrentadas pelos apóstolos (At 5,26-40) e por Estêvão (At 6,12-7,60). Contudo, Deus estava à frente do destino de Paulo e, por isso, seu projeto de que o evangelho chegasse "até os confins da terra" (At 1,8) não poderia ser impedido (At 23,11).

A raiva e a perseguição dos judeus contra Paulo eram tamanhas que eles chegaram a se comprometer numa conjuração, até que o missionário fosse assassinado (At 23,12-21). Mas o tribuno romano ordenou que Paulo fosse conduzido a Cesareia. (At 23,23-31) – e todo o projeto traçado desde o início foi-se cumprindo, ainda que por caminhos humanamente não imaginados.

Um discurso de defesa de Paulo nessa etapa aconteceu diante do procurador Félix (At 24,1-21). Os judeus tinham um representante, um advogado chamado Tertulo. A acusação, cheia de formalidades, era a de que Paulo representava um movimento subversivo: "ele suscita conflitos entre os judeus do mundo inteiro" (At 24,5). Paulo era visto como alguém muito perigoso para a ordem pública. Junto dessa séria acusação, foi mencionado que o missionário representava um movimento religioso, sendo um dos líderes da seita dos nazareus. A terceira acusação citada foi sobre a profanação do Templo. Paulo defendeu-se das acusações e expôs as situações do caminho ao qual ele pertencia, sem ir contra a religião de seus pais na fé e, inclusive, mencionou os profetas. Mesmo não encontrando motivos para condenar Paulo, o governador romano o manteve preso por dois anos e somente quando Festo chegou à Cesareia é que Paulo apelou para César (At 25,1-12), diante do perigo de mais uma vez cair nas mãos dos judeus.

"O discurso perante Agripa é o clímax deliberado de Paulo nos caps. 22 a 25 e seu resumo final, como réu, da questão de acusação dos judeus contra ele, ou seja, sua interpretação da promessa em torno da qual giram a Escritura e a piedade mosaicas" (Dillon, 2011, p. 390). A reação diante do tema da ressurreição lembra a reação dos ouvintes em Atenas, no aerópago. Mas o narrador faz questão de afirmar que o anúncio cristão era de um fato histórico e público, e não algo desconhecido pelo Rei Agripa, mesmo porque este era um representante do judaísmo: "Pois dessas coisas tem conhecimento o Rei, [...] não foi num recanto remoto que isto aconteceu" (At 26,26). A perícope termina com o reconhecimento da inocência de Paulo.

A viagem até Roma passa pelo naufrágio e pela permanência de Paulo por três meses na ilha de Malta. O texto insiste em mostrar que o missionário continuou suas obras, apesar da condição em que se encontrava. As dificuldades narradas nesses episódios de tempestades e naufrágios não desanimaram Paulo, que tinha confiança na proteção e no cumprimento do Senhor (At 27,23-26).

A chegada emocionante a Roma, depois do grande pregador dos gentios ter partido como *Prisioneiro de Cristo*, conforme o título dessa seção na tradução da Bíblia de Jerusalém (Bíblia, 2002), traz a nós alegria e alívio quando terminamos de ler o livro dos Atos dos Apóstolos (At 28,14-15). Lucas, enfim, coloca o leitor diante da conclusão de uma longa jornada de expansão do anúncio cristão, que começou na Judeia, em Jerusalém, e, atravessando centros importantes do Oriente Médio e Próximo, chegou até Roma (Bíblia, 1991, p. 443). E foi nessa cidade, destino final de Paulo, que o missionário deu "testemunho do Reino de Deus" e proclamou Jesus Cristo como Senhor, "tanto pela Lei de Moisés quanto pelos Profetas" (At 28,23). A obra lucana mais uma vez menciona o Espírito, agora citando a profecia de Isaías, que justificava, diante da rejeição dos judeus, a salvação enviada aos gentios e a certeza de que "eles a ouvirão" (At 28,28) e constituirão o novo povo de Deus.

A conclusão da missão é esta: a proclamação do Reino de Deus continuou a ser feita pelo apóstolo, que permaneceu vivo em Roma. Essa é a visão que o autor do livro dos Atos dos Apóstolos oferece – embora uma antiga tradição afirme que Paulo teve seu martírio em Roma, por volta dos anos 64 e 67 d.C., sob Nero, a narrativa de Lucas conclui-se com a informação de que Paulo permaneceu por dois anos em sua missão de anunciador do Evangelho em Roma. Nesse local, o apóstolo garantiu aprofundamento na fé cristã, como um homem que se encontrou com o Jesus ressuscitado, deixando cair as escamas que impediam seus olhos de ver e de entender a verdade de Cristo, como um homem que se apaixonou e se entregou ao caminho, conduzido por ele livremente e disposto a cumprir seu propósito: levar o Evangelho até os "confins da terra" (At 1,8): Roma. Assim, Paulo era inspiração para cada discípulo e cada discípula daquela Igreja e para cada batizado e cada batizada da Igreja de hoje.

Síntese

Neste capítulo, apresentamos Paulo como um importante missionário das origens do cristianismo e mostramos que sua conversão se constituiu numa reviravolta histórica para o movimento cristão, do mundo judaico para o mundo pagão.

Observamos que o livro dos Atos dos Apóstolos relata a missão e as viagens missionárias de Paulo, o progresso do movimento cristão, a fundação das Igrejas de Corinto, de Éfeso e de Filipos e o anúncio cristão, que é retratado com três características: 1) apresenta uma síntese histórica da experiência de Israel com Deus; 2) apresenta o querigma cristão como último evento a se cumprir das promessas veterotestamentárias; 3) faz um convite à conversão.

Por fim, revelamos Paulo como exemplo de discípulo e de pastor, corajoso e apaixonado, cuja vida serve de inspiração para muitos que têm conhecido a palavra desde o início das comunidades cristãs, em Jerusalém.

Atividades de autoavaliação

1. Lucas desenvolve a missão paulina em três momentos diferentes: 1) a conversão de Paulo e sua primeira atividade em Damasco; 2) a atividade de Paulo fora da Palestina; e 3) a prisão e o processo do apóstolo, que partiu de Jerusalém, passou por Cesareia e chegou até Roma. Mas existiu uma finalidade fundamental para Lucas apresentar, em dois terços de sua obra, a conversão e a missão de Paulo. Sobre essa intenção, marque V para as afirmativas verdadeiras e F para as falsas:
   ( ) Lucas tem a intenção de reabilitar Paulo ante sua comunidade, majoritariamente de origem paulina.
   ( ) Na comunidade de Atos, a imagem de Paulo estava enfraquecida devido a várias acusações, inclusive de apostasia em relação ao judaísmo.
   ( ) O autor dos Atos insiste na infidelidade de Paulo com relação à Lei e à tradição judaica, tanto antes quanto depois de sua conversão ao cristianismo.
   ( ) A atividade missionária de Paulo narrada por Lucas confirma a acusação de antijudaísmo conferida ao apóstata judeu, que estava preocupado em anunciar Cristo somente aos judeus, inclusive aos da diáspora.

   Agora, assinale a alternativa que apresenta a sequência correta:
   a) F, F, V, V.
   b) V, V, F, F.
   c) V, F, V, F.
   d) F, V, F, V.

2. Ao narrar a conversão de Paulo, Lucas inspirou-se nos modelos literários apresentados na Bíblia grega, a tradução da Setenta, que relata experiências de encontro com Deus (At 9,1-19). O autor dos Atos faz isso com a intenção de:
   a) utilizar o recurso teofânico, sobre a manifestação do Senhor.
   b) retomar o acontecimento do monte Sinai.
   c) enfatizar a manifestação divina por meio da voz de Deus.
   d) ressaltar a iniciativa divina na conversão do perseguidor.

3. No relato da primeira viagem missionária de Paulo, o autor do Livro dos Atos dos Apóstolos oferece ao leitor três características do anúncio cristão. Das quatro opções a seguir, assinale a **incorreta**:
   a) O anúncio cristão trazia uma síntese histórica da experiência de Israel com Deus Salvador.
   b) O anúncio era feito nas sinagogas, aos sábados, e considerava a conversão exclusivamente à crença judaica.
   c) O querigma cristão constituía-se no anúncio da salvação, por meio da morte e da ressurreição de Jesus, como o último evento a ser cumprido de acordo com a promessa de Deus.
   d) Fazia parte do anúncio o convite à conversão e o acolhimento de Jesus como Senhor e Salvador, que liberta o ser humano do peso do pecado e da morte por meio da remissão dos pecados.

4. No relato da segunda viagem de Paulo, após sua chegada em Filipos e a conversão de Lídia, o missionário liberta uma jovem escrava, que, segundo o texto "tinha um espírito de adivinhação" (At 16,16). Leia a perícope de At 16,16-24 e marque V para as afirmativas verdadeiras e F para as falsas:
   ( ) Paulo libertou a jovem expulsando o espírito em nome de seu poder de apóstolo.
   ( ) O que estava em jogo para os "amos" da jovem escrava era o lucro obtido com a adivinhação.

( ) Paulo realizou a libertação da jovem em nome de Jesus Cristo.
( ) A consequência da ação salvadora de Jesus testemunhada e oferecida por seus missionários foi a liberação dos discípulos.

Agora, assinale a alternativa que apresenta a sequência correta:

a) F, V, V, F.
b) V, V, F, F.
c) V, F, V, F.
d) F, V, F, V.

5. Das acusações feitas contra Paulo pelos judeus na presença do procurador Félix, narradas em At 24,1-27, é correto afirmar:
   a) Paulo era alguém que representava um movimento subversivo e, por isso, oferecia perigo para os romanos.
   b) Paulo era líder de uma doutrina conhecida como *seita dos cristãos*.
   c) Paulo nunca participou de uma doutrina conhecida como *seita dos nazareus*.
   d) Paulo era considerado inocente pelo governo romano, representado por Félix, e, por isso, este o deixou sair do processo em liberdade.

Atividades de aprendizagem

Questões para reflexão

1. Leia os textos sobre a fundação das comunidades de Filipos (At 16, 11-15), de Corinto (At 18, 1-11) e de Éfeso (At 18,18-23) e identifique o que há de comum nesses relatos.

2. O livro dos Atos dos Apóstolos apresenta três discursos de defesa de Paulo: um diante dos judeus de Jerusalém (At 22); outro diante do procurador Félix (At 24); e um perante o rei Agripa (At 26). Leia os discursos e identifique como Paulo se defendeu das acusações de apóstata do judaísmo e como mencionou sua experiência de conversão.

3. Paulo é um dos personagens mais admirados do início do cristianismo. Sua paixão e sua coragem o levaram a proclamar o evangelho "até os confins da terra" (At 1,8). Todos, batizados e batizadas, são chamados a serem discípulos missionários de Jesus Cristo. Como está a dimensão missionária em sua vida cristã? Onde você vê meios para evangelizar e de que maneira realizar essa missão?

4. Depois de seu encontro inesperado com Jesus, Saulo, o perseguidor obstinado, mas crente no Deus dos pais, adorador do Deus libertador, foi capaz de se abrir à ação divina, deixar suas convicções humanas e assumir uma nova postura. Você é capaz de ler os evangelhos ou o livro dos Atos dos Apóstolos livre de conceitos já estabelecidos em alguma fase da sua vida e se abrir a algo novo? Talvez a uma concepção que você ainda não tenha compreendido sobre a missão da Igreja, por exemplo. Saber que o autor do texto do livro dos Atos dos Apóstolos tinha uma intenção teológica relacionada a Paulo e às comunidades paulinas abre qual horizonte para você?

5. Colocar-se na missão é enfrentar, entre os muitos perigos, a perseguição. Paulo sofreu calúnias, agressões físicas, humilhações. O Brasil é um país considerado cristão. Numa análise de nosso país, o cristianismo ainda é perseguido? E no mundo? Há notícias sobre a perseguição de cristãos? O Papa Francisco sofre perseguição? Se sim, por quê?

Atividade aplicada: prática

1. Faça a leitura do relato de Lucas sobre a primeira e a segunda viagens missionárias de Paulo. Depois, elabore um texto apontando as semelhanças e as diferenças entre as duas missões, quais as formas de anúncio utilizadas por Paulo, quem foram seus opositores e quais os conflitos apresentados em cada uma delas.

6
Os sumários da primeira comunidade cristã

A vida da comunidade cristã em seus primórdios é modelo de vida para a Igreja de todos os tempos. O autor do livro dos Atos dos Apóstolos, além de revelar, por meio de seus sumários, a essência da vida comunitária no princípio do movimento cristão, apresenta também seus conflitos e a força que a sustentava. As narrativas lucanas referem-se ao ideal do cristianismo, e é nelas que todo crente deve buscar força e inspiração.

Contudo, ao se falar de um *ideal cristão*, não se exclui, de maneira alguma, o fato de Lucas ter fornecido lembranças reais sobre a forma concreta como viviam os primeiros cristãos. Essa vivência se refere a uma nova forma de relação, que abrangia a dimensão integral da vida humana, com base na fé em Jesus, razão pela qual os discípulos viviam de maneira radical o Evangelho, após a experiência fortalecedora do Pentecostes.

A imagem da Igreja do livro dos Atos dos Apóstolos é a de uma comunidade de irmãos conscientes de sua missão no caminho da salvação, que faziam das próprias vidas sinais do reinado de Deus, como Jesus o fizera. Essa forma de vida era possibilitada pela graça de Deus, sentida e experimentada na comunidade.

Lucas descreve também os conflitos que existiam com aqueles que não entendiam a dinâmica do Reino que começava no presente da Igreja, no hoje da salvação. Por isso, relata igualmente os problemas que envolveram essa dinâmica de relações: por exemplo, apesar da graça e da generosa experiência de Barnabé, existiam também a corrupção e a mentira de Ananias e de Safira, riscos da Igreja daquele tempo e ainda da de hoje.

Conhecer a realidade edificante da comunidade do livro dos Atos dos Apóstolos por meio de sua experiência com Jesus se faz extremamente importante a todos os batizados, homens e mulheres. É na práxis cotidiana que se realiza o reinado de Deus, no qual não pode haver carências, especialmente do que é básico à condição humana. O Reino liberta o ser humano de toda e de qualquer opressão. Por isso a exigência de se voltar aos primórdios da comunidade cristã a fim de entender e concretizar, na liberdade de filhos, a vontade do Pai.

6.1 Introdução à abordagem dos sumários da primeira comunidade do livro dos Atos dos Apóstolos

No livro dos Atos dos Apóstolos, Lucas apresenta a identidade daquela que foi a primeira comunidade cristã. As características descritas em sua obra interpelam a Igreja de hoje a refletir sobre o modo original vivido por aquela comunidade, impulsionada pelo Espírito, cheia de coragem e de comprometimento com a vida prática.

Antes de iniciarmos propriamente o assunto da experiência fraterna da comunidade cristã primitiva, é necessário que compreendamos o tipo de comunhão que unia o primeiro grupo cristão, povo reunido ao redor de Jesus, da mesma forma que o povo da Antiga Aliança estava reunido ao redor de Iahweh. Na busca das razões que levam a comunidade dos Atos dos Apóstolos a adotar um singular modo de vida, é possível deparamos com a experiência de vida desse grupo, bem como com uma variedade de vocabulários que confirmam a intenção lucana em dar a essa Igreja um sentido de continuidade. Esta, por sua vez, estava relacionada à comunidade do povo de Israel, à assembleia de Deus e aos cristãos e aos crentes juntos no Pentecostes – então comprometidos com o caminho que os levou a anunciar o Evangelho por meio do anúncio que envolvia também a práxis cristã "até os confins da terra" (At 1,8).

Portanto, antes de analisarmos a experiência comunitária, apresentaremos alguns termos muito usados pelo autor do livro dos Atos dos Apóstolos para designar a comunidade cristã, com a finalidade de auxiliar a compreensão da abrangência de seu significado na narrativa.

A palavra *ekklêsia* aparece 25 vezes na narrativa lucana. Trata-se de um termo usado nos textos veterotestamentários para designar "a convocação ou assembleia de Deus reunida no deserto, aos pés do monte Sinai" (Bíblia, 1991, p. 218). Outros dois vocábulos – *plêthos*, que se refere à "multidão" ou à "assembleia" e define a reunião dos cristãos; e *laos*, que significa "povo" – são palavras usadas por Lucas para se referir à Igreja cristã como novo povo de Deus. Isso demonstra que Lucas definia a Igreja primitiva com palavras que tinham raiz na cultura bíblica, associando os cristãos à nova comunidade messiânica. Muito significativa também é a palavra que o autor usa para identificar cada membro dessa comunidade: *adelphoi*, que significa "irmãos". Lucas faz uso dessa palavra "pelo menos 30 vezes" (Bíblia, 1991, p. 219), o que não deve ter sido ao acaso, mas como fundamento do tipo de relação que envolvia o grupo dos crentes.

Outra designação importante é o vocábulo *mathêtai*, que significa "discípulo" e aparece 28 vezes no livro. Assim, a comunidade do livro dos Atos dos Apóstolos era formada por irmãos conscientes da proposta de vida fraterna de que o cristianismo deveria dar testemunho e, sendo uma comunidade de discípulos, os crentes colocavam-se no mesmo caminho dos doze primeiros, aqueles que caminharam com Jesus desde a Galileia até Jerusalém dispostos a acolher e a assumir a responsabilidade pelo seguimento de Cristo.

Desse modo, o fato de identificar-se como irmãos e como discípulos levou a primeira comunidade descrita no livro dos Atos dos Apóstolos a organizar-se e a viver no ensinamento das testemunhas oculares, promovendo, no meio em que estava inserida, uma nova maneira de viver, baseada na solidariedade e na partilha, aprendidas no anúncio que se dava na realidade da vida de cada um em particular, mas que se expressava especialmente na comunidade.

A prática nascida com base na experiência do Espírito (At 2,1-13) tem como característica fundamental a perseverança. Ela era "Uma nota de fundo [que] dá tom à vida da comunidade cristã" (Bíblia, 1991, p. 220). *Perseverar*, no livro dos Atos dos Apóstolos, era manter-se fiel, dedicado e comprometido com um trabalho ou com um serviço. Os cristãos sentiam-se envolvidos com o anúncio que acolheram, e os momentos constitutivos dessa perseverança da comunidade primitiva que distinguia a proto-Igreja e atraía muitos novos fiéis eram os seguintes:

- A primeira comunidade cristã **perseverava na palavra**, no anúncio da novidade que era Jesus Cristo, e se colocava permanentemente como acolhedora desse anúncio. Um anúncio, ou palavra, que, nesse caso, ia além do querigma, pois buscava a vivência e o aprofundamento da mensagem cristã. De modo que era, então, uma catequese constante, pela qual os cristãos eram animados e exortados à fé. Exemplos da necessidade e do compromisso desse aprendizado e desse crescimento constante no livro dos Atos dos Apóstolos são as informações sobre o tempo da permanência dos discípulos nas comunidades das Igrejas: Paulo e Barnabé permaneceram na Igreja da Antioquia "um ano inteiro" (At 11,26); em Corinto, Paulo ficou durante o período de "um ano e seis meses" (At 18,11) e, em Éfeso, permaneceu por três anos "ensinando" e "formando" as comunidades (At 20,31).
- A comunidade apresentada por Lucas era **perseverante na comunhão fraterna**. Esta, em sua dimensão interior, tinha como expressão a fé e a comunhão eucarística da comunidade, mas alcançava, além disso, a adesão aos apóstolos, que eram as testemunhas oculares de Jesus Cristo, e a partilha dos bens (materiais). A comunhão tinha expressão também em outros meios, anteriores e fora da vida comunitária cristã, como no ambiente helênico, com os pitagóricos, e no ambiente judeu, com o grupo dos essênios. Tal expressão era fundamentada numa "ideologia que critica a propriedade privada

como fruto da cobiça e usurpação dos bens destinados originariamente a todos" (Bíblia, 1991, p. 221). Contudo, ainda que outros grupos estivessem preocupados com questões éticas ou socioeconômicas, o movimento cristão carregava em si um elemento que os diferenciava de qualquer outro grupo, movimento ou ideologia: a fé em Jesus Cristo. E essa crença inspirava e fortalecia a comunidade cristã, conduzindo as atitudes dos fiéis, que perseveravam na comunhão fraterna a ponto de levá-los igualmente a uma atitude de comunhão dos bens.

- A **perseverança na oração** era outro elemento importante da Igreja. A oração definia o compasso do caminho da primeira comunidade cristã. De início, o movimento cristão não se afasta do Templo e de suas atividades de oração; e, mesmo com a ruptura entre judeus e cristãos, a vida e as escolhas dos discípulos de Jesus continuavam na perseverança da oração nas situações mais diversas: nas escolhas para a vida comunitária e sua missão (At 1,24; 6,6; 13,3; 14,23); nas situações de perseguição (At 4,23-30; 7,59-60; 12,5.12; 16,25; 20,36; 21,5); na acolhida dos dons de Deus (At 1,14; 8,15; 9,40; 10,9.30; 11,5; 22,17; 28,8). Além disso, o Espírito Santo também era um dom obtido por meio da oração.

É dessa maneira que Lucas desenha o testemunho das primeiras comunidades cristãs em sua obra, permitindo-nos conhecer e caminhar inspirados por aquela Igreja que se fez sinal do Reino, símbolo do caminho da salvação. Tais comunidades se colocaram como "novo paradigma social", capaz de superar o modelo de sociedade estabelecido pelo império (Barreto, 2014, p. 84).

Nos pontos seguintes, oferecemos, de modo mais detalhado, um comentário sobre cada um dos três sumários que abordam a vida das primeiras comunidades cristãs, suas experiências e suas consequências entre a acolhida generosa da palavra e os conflitos que geraram o egoísmo e a incompreensão no interior da comunidade.

6.2 Primeiro sumário: ensinamento dos apóstolos; comunhão fraterna; fração do pão; oração (At 2,42-27)

Lucas apresenta, logo no início de sua narrativa, o primeiro sumário, que descreve a forma como vivia a primeira comunidade cristã de Jerusalém:

> Eles mostravam-se assíduos ao ensinamento dos apóstolos, à comunhão fraterna, à fração do pão e às orações. Apossava-se de todos o temor, pois numerosos eram os prodígios e sinais que se realizavam por meio dos apóstolos. Todos os que tinham abraçado a fé reuniam-se e punham tudo em comum: vendiam suas propriedades e bens, e dividiam-nos entre todos, segundo as necessidades de cada um. Dia após dia, unânimes, mostravam-se assíduos no Templo e partiam o pão pelas casas, tomando o alimento com alegria? [sic] e simplicidade de coração. Louvavam a Deus e gozavam da simpatia de todo o povo. E o Senhor acrescentava cada dia ao seu número os que seriam salvos. (At 2,42-27)

A perícope começa mencionando o quanto aquela comunidade era perseverante: "mostravam-se assíduos". A perseverança era a característica fundamental da comunidade. O versículo 42 pode, ainda, fazer referência aos convertidos no acontecimento do Pentecostes. O que a passagem sublinha, portanto, é o comprometimento e a dedicação daqueles homens e mulheres que, por terem abraçado a fé, se faziam assíduos em algumas características que foram fundamento na fase inicial do cristianismo: no "ensinamento dos apóstolos"; na "comunhão fraterna"; na "fração do pão"; na "oração". Esses, portanto, eram pontos fundamentais e eficazes que garantiam a unidade e a vida da comunidade cristã. Para maior compreensão deles, segue um breve comentário sobre cada um.

- **Ensinamento dos apóstolos** – Os apóstolos eram as testemunhas autorizadas da fé em Jesus Cristo, as bases sólidas do nascimento e do caminho da Igreja. Eles foram os responsáveis pela transmissão fiel de tudo aquilo que Jesus fez e ensinou. Isso porque os doze conviveram com Cristo e o acompanharam, serviram no seu ministério enquanto ele fazia o caminho desde a Galileia até Jerusalém. E, mais ainda, viveram a experiência da ressurreição do Senhor. Portanto, eles tinham tanto a experiência do Jesus histórico como a do Jesus ressuscitado.

  Depois do batismo, sinal de adesão ao caminho do Senhor, os cristãos continuavam recebendo orientações e ensinamentos a respeito desse caminho de salvação. Quanto ao conteúdo que lhes era ensinado, estavam os textos bíblicos, que eram relidos na certeza de que Jesus era o Messias prometido, aquele que veio instituir o reinado de Deus na história humana. Dessa maneira, essa leitura dos textos sagrados era interpretada à luz de Cristo e, junto aos ensinamentos das Sagradas Escrituras, a comunidade recordava, é claro, o ensinamento de Jesus (Bíblia, 1991). Cada vez que aparecia uma circunstância diferente no meio da comunidade, ela retomava os ensinamentos e os atos de Jesus, como faz a Igreja hoje: é à luz de Jesus de Nazaré, o ressuscitado, que a Igreja caminha, na graça do Espírito Santo.

- **Assíduos na comunhão fraterna** – A comunhão era a *koinonia*, que, para Lucas, expressava a unidade espiritual dos cristãos e tinha por base a mesma fé e o único projeto de vida que supunha a união fraterna, traduzida numa prática que incluía a participação dos bens, fato confirmado no segundo sumário da obra lucana. O autor, já em seu evangelho, insiste que a salvação abrange a vida integral da pessoa humana, como na perícope *Ressurreição do filho da viúva de Naim* (Lc 7,11-17), material exclusivo de Lucas. Nela, Jesus realizou um milagre visando ao bem-estar e à vida digna de uma viúva que tinha acabado de perder o único filho, que garantia seu sustento, pois, na sociedade da época, a mulher só tinha direitos em relação ao homem. E, como no caso dela, o direito à lei do levirato fora perdido (Dt 25,5-10), era responsabilidade desse filho seu sustento até o dia de sua sepultura (Ex 20,12; Dt 5,16; Tb 4,3; 1Rs 19,20; Mt 8,31-32). Ressuscitando o filho, Jesus devolveu a ela as condições de ter uma vida digna.

O que a comunidade cristã fazia ao viver a comunhão fraterna expressa na partilha dos bens era substituir uma lógica hierárquica de classes por outra, de solidariedade. Além disso, dentro da comunidade, não podia haver discriminação motivada pela falta de bens.

- **Perseverança na fração do pão** – Essa expressão era conhecida do meio judeu e se referia a um gesto ritual. No início de uma refeição comum, o pai da família ou o chefe de determinado grupo tomava o pão, dava graças a Deus e o partia, distribuindo-o entre os presentes. No livro dos Atos dos Apóstolos, a expressão se refere a toda refeição que acontecia nas casas. O gesto de partilha do pão significa, ao mesmo tempo, tomar parte na memória de Jesus na última ceia e praticar a solidariedade e a fraternidade. A refeição partilhada "dava aos membros mais pobres da comunidade a possibilidade de ter sua porção cotidiana de alimento e, ao mesmo tempo, de tomar parte, na memória de fé, no gesto de amor e na esperança de Jesus. Solidariedade, fraternidade e celebração da fé fundiam-se juntas na única refeição" (Bíblia, 1991, p. 77).

Ao refletirmos sobre a explicação da partilha, podemos compreender, de forma mais ampla, a profundidade e o alcance da celebração eucarística: o pão que é partilhado entre a Igreja visível leva a ela a missão da partilha do pão quando ela está dispersa. Tal partilha deve ter forte expressão na vida cotidiana de cada batizado e de cada batizada.

- **Orações** – A comunidade cristã não se via separada do judaísmo. A ruptura com o povo judeu não aconteceu de imediato, e o livro dos Atos dos Apóstolos relata os motivos para isso. Portanto, as orações mencionadas na perícope eram as mesmas do cotidiano do povo judeu, como a profissão de fé judaica, feita no começo e no final do dia.

O sumário ainda revela que os discípulos estavam presentes no Templo, assim como o Evangelho segundo Lucas revelou sobre Jesus (Lc 2,41-50; 19,47; 21,37; 22,53). Em momento algum Cristo se viu separado de sua identidade religiosa, embora não tenha sido acolhido, em grande parte, por seu povo. O Templo era um lugar muito importante para Lucas. Na conclusão de seu evangelho, os discípulos continuaram no Templo depois da ressurreição "e depois voltaram a Jerusalém com grande alegria, e estavam continuamente no Templo, louvando a Deus" (Lc 24,52). Lucas sublinha a continuidade entre a nova comunidade ao redor do Messias, a Nova Aliança, e a Antiga Aliança, o povo eleito, povo do qual o Templo era símbolo.

Dois aspectos significativos relacionados à comunidade dos fiéis ressaltam na perícope: a **alegria** e a **simplicidade de coração**. A primeira era característica do caminho da salvação já no Evangelho segundo Lucas e aparece no sumário unida à segunda. Enquanto a alegria definia a experiência da comunidade, sua esperança e sua fé na salvação messiânica, a simplicidade de coração remetia a uma atitude sincera, de um coração que buscava a Deus e se esforçava para andar em seu caminho. Tomar o alimento com alegria e coração sincero, portanto, era dizer que a refeição acontecia num contexto religioso.

O **louvor a Deus**, igualmente, era traço característico da Igreja de Jerusalém. A comunidade reconhecia e dava graças a Deus, o que deveria, certamente, ser uma consequência de sua experiência fraterna.

O sumário ainda faz referência à simpatia do povo pela comunidade cristã, da mesma forma como aconteceu com Jesus. Porém, igualmente ocorreu a objeção por parte do judaísmo, que se opôs ao Senhor e também ao movimento cristão.

Na conclusão da narrativa, aparece a iniciativa e a graça do Senhor, que aumentavam a cada dia o número dos convertidos. A beleza apresentada nesse sumário, num contexto de fraternidade, comunhão, partilha e aprofundamento da fé, interpela cada leitor ou ouvinte do texto. Foram essas práticas, ainda que no texto Lucas elas sejam reforçadas de alguma forma, que atraíram mais e mais adeptos à fé cristã. Para a comunidade, "a vida bem-sucedida foi entendida como generosidade unânime" em favor da unidade de seus membros da Igreja e do "comportamento exemplar" diante da realidade da sociedade em que estavam inseridos (Barreto, 2014, p. 86).

O que Lucas relata nesse texto é um projeto de vida que deve ser concretizado. Ser cristão é ter atitudes práticas que transformam as formas de relação, a exemplo de Jesus.

6.3 Segundo sumário: testemunho e comunhão fraterna

O segundo sumário "une dois casos avulsos" extraídos da tradição lucana, delineando um ideal de renúncia de toda a comunidade (Dillon, 2011, p. 340). Não obstante, é fato que a perícope reflete o forte tema da *renúncia de posses*, já exposto no Evangelho segundo Lucas (Lc 12,33; 14,33; 18,22).

Segue texto dessa perícope:

> A multidão dos que haviam crido era um só coração e uma só alma. Ninguém considerava exclusivamente seu o que possuía, mas tudo entre eles era comum. Com grande poder os apóstolos davam o testemunho da ressurreição do Senhor, e todos tinham grande aceitação. Não havia entre eles necessitado algum. De fato, os que possuíam terrenos ou casas, vendendo-os, traziam os valores das vendas e os depunham aos pés dos apóstolos. Distribuía-se então, a cada um, segundo a sua necessidade. (At 4,32-35)

Nessa passagem, Lucas descreve o comportamento original da primeira comunidade e retoma os temas do primeiro sumário. Porém, desenvolve de forma mais ampla a motivação que conduzia a comunidade a fazer de sua experiência uma prática da fé, expressa na comunhão fraterna. O autor destaca um traço importante já mencionado anteriormente: a força que acompanhava o testemunho apostólico. A Igreja era revestida da "força do Alto" (Lc 24,49), pois tinha a missão de continuar o caminho do Senhor.

O versículo 33, apesar de parecer deslocado do assunto da passagem, é a resposta a um pedido de oração feito na perícope anterior (At 4,30). Eram os sinais que acompanhavam a missão dos apóstolos de testemunhar a ressurreição do Senhor Jesus. Entre os sinais, os prodígios e o poder de realizar milagres estava a maneira de viver da primeira comunidade, porque ela se constituía como um grande sinal de caridade e de fraternidade, no qual se envolvia a vida dos crentes.

Mais do que isso, o perfil da comunidade é sublinhado pelo autor do livro dos Atos dos Apóstolos: "um só coração e uma só alma" (At 4,32). Unidade e fé eram presentes e constantes no meio cristão. Nesse versículo, Lucas se refere a uma frase veterotestamentária encontrada no livro do Deuteronômio, que diz: "Portanto, amarás a Iahweh teu Deus com todo o teu coração, com toda a tua alma e com toda a tua força" (Dt 6,5). Dessa maneira, a relação entre Deus e o homem era radicada num sentimento de união profunda e na certeza de que, na comunidade pós-pascal, ela se refletiria numa nova forma de relação, estabelecida por Deus por meio de Jesus: uma relação de filiação, pois, em Jesus, todos podem ser filhos, e de fraternidade, pois, como filhos de Deus, todos são irmãos. Ao considerarmos a comunidade do Evangelho segundo Lucas e do livro dos Atos dos Apóstolos e o estilo de Lucas, entendemos que o autor tenha unido, nesse versículo, o "ideal de fraternidade e amizade encontrado em dois ambientes culturais, o bíblico – um só coração, e o grego – uma só alma" (Bíblia, 1991, p. 99). A vivência fraterna relatada nos sumários, baseada na opção de fé da comunidade, exprime-se na nova forma de relacionar-se que abrangia as mais variadas dimensões da vida humana, nesse caso, a econômica e a social.

"Ninguém considerava exclusivamente seu o que possuía" (At 4,32). Na descrição da comunidade cristã primitiva. Lucas a interpelava para que não se acomodasse nem aceitasse as diferenças sociais existentes. Provavelmente, a comunidade lucana era composta de cristãos abastados que poderiam não entender ou aceitar a riqueza como um dom a ser partilhado, deixando de colaborar, assim, com a promoção do outro. Por outro lado, muitos dos membros da comunidade deveriam ser pobres, e estes poderiam não ter o necessário para uma vida digna. Era preciso provocar desprendimento, coragem e ação baseada na fé em Jesus Cristo. A primeira comunidade cristã era e é um "sinal", e sinal de grupo que sabe partilhar.

Mesmo no ambiente grego, a amizade era considerada um sinal e expressava a perfeita comunhão entre os amigos. Essa era uma regra de Aristóteles. O autor do livro dos Atos dos Apóstolos certamente sofreu influência desse meio. Porém, no cristianismo, a novidade estava no motivo que levava à expressão da vida fraterna: "O testemunho da ressurreição está na origem da opção cristã e gera as novas relações interpessoais e sociais, que se fundamentam sobre a liberdade de amar sem que haja exploração, nem dependência" (Bíblia, 1991, p. 101). Dessa maneira, a partilha dos bens materiais era uma característica visível da comunidade primitiva, que era desprendida e, levada pela fé e pela compreensão da ressurreição de Jesus, era capaz de se libertar do medo gerado pela morte, que se traduzia como apego e acúmulo material.

No versículo 35, está a declaração da comunidade cristã como aquela que concretizava a vontade de Deus para o fim da miséria: "É verdade que em teu meio não haverá nenhum pobre, porque Iahweh vai abençoar-te na terra" (Dt 15,4). E é de grande importância o modo como isso aconteceu: não como algo fora das forças humanas, algo miraculoso, mas por meio da conversão e da renovação do interior de cada um dos integrantes da comunidade, meio no qual se criaram novas estruturas de participação e relações de partilha, já sublinhadas no Evangelho segundo Lucas (Lc 12,33; 14,33; 16,9).

Entregar os bens "aos pés dos apóstolos" (At 4,35) era considerar a responsabilidade que eles receberam como testemunhas do Reino de Deus. Eles eram os responsáveis por levar os sinais (At 4,33) e testemunhar uma vida de comunhão fraterna.

A passagem se conclui com a distribuição desses bens conforme a necessidade de cada um, traço que distinguia a comunidade messiânica.

6.4 Terceiro sumário: unidade e fé

O terceiro sumário apresentado no livro dos Atos dos Apóstolos conclui a descrição ideal da primeira comunidade dos cristãos de Jerusalém. Nele, o autor retoma os temas do primeiro sumário: os sinais e os prodígios realizados pelos apóstolos (At 2,43); a presença dos cristãos no

Templo (At 2,46); e o crescimento do número dos que aderiam à fé em Jesus Cristo (At 2,47).

> *Quadro de conjunto* – Pelas mãos dos apóstolos faziam-se numerosos sinais e prodígios no meio do povo... Costumavam estar, todos juntos, de comum acordo, no pórtico de Salomão, e nenhum dos outros ousava juntar-se a eles, embora o povo os engrandecesse. Mais e mais aderiam ao Senhor, pela fé, multidões de homens e de mulheres. ... a ponto de levaram os doentes até para as ruas, colocando-os sobre leitos e em macas, para que, ao passar Pedro, ao menos sua sombra cobrisse algum deles. Também das cidades vizinhas de Jerusalém acorria a multidão, trazendo enfermos e atormentados por espíritos impuros, os quais eram todos curados. (At 5,12-16)

Esse sumário tem função literária de ligação entre dois acontecimentos: a história do casal Ananias e Safira (At 5,1-11) e a prisão dos apóstolos por parte da aristocracia sacerdotal do Templo (At 5,17-21).

Os versículos 12 e 13 estão diretamente conectados com a perícope anterior. Melhor dizendo, diante da situação de mentira e de corrupção relatada na passagem sobre o casal Ananias e Safira, o narrador expressa mais uma vez o poder que acompanhava os apóstolos e como estes foram acolhidos pelo povo. Lucas menciona também o poder que acompanhava os doze, que refletia os feitos anteriores de Pedro (At 3,1-11; 5,1-11), demonstrando, dessa maneira, que eram "parte de uma prática rotineira de todos os apóstolos" (Dillon, 2011, p. 341).

A informação de que "nenhum dos outros ousava juntar-se a eles, embora o povo os engrandecesse" (At 5,13), retrata o ambiente piedoso que cercava a comunidade primitiva e reforça a conclusão que teve a perícope anterior: "Sobreveio então grande temor à Igreja inteira e a todos os que tiveram notícias destes fatos" (At 5,11).

Próprio da obra lucana é relatar o grande número dos que acolhiam a fé em Jesus Cristo, unindo-se à Igreja: eram "multidões de homens e mulheres"

(At 5,14; 2,47; 4,4; 6,1.7; 9,31; 11,21.24; 12,24; 13,48-49; 16,5; 19,20). Em todas as circunstâncias, mesmo nos perigos que ofereciam a perseguição, a rejeição e os conflitos que a comunidade encontrava a sua frente, nada conseguia ser obstáculo para a progressão e o crescimento do movimento cristão.

Quanto à questão do poder da sombra de Pedro, que era o representante autorizado dos doze, diz a passagem: "para que, ao passar Pedro, ao menos sua sombra encobrisse algum deles" (At 5,15). Quanto a essa informação, devemos descartar qualquer interpretação relacionada a um acontecimento mágico e entender a expressão relacionada à fé dos que tocavam em Jesus: "ao menos tocar na orla de sua veste" (Mc 6,55-56); "E toda a multidão procurava tocá-lo" (Lc 6,17). Assim aconteceu com Jesus na Galileia e também com os lenços de Paulo (At 19,11-12). As lembranças guardadas pela tradição a respeito do poder que acompanhava os apóstolos, no caso dessa narrativa – que faz referência, especificamente, à pessoa de Pedro –, ultrapassam seu significado imediato na releitura do autor. Lucas, em sua teologia, sublinha, na sombra de Pedro, a presença do Senhor ressuscitado e de seu poder salvador, como a sombra libertadora de Deus que conduzia seu povo pelo deserto após sua libertação do Egito.

A presença do grupo cristão no Templo foi a circunstância que deu ao sumo sacerdote o direito de intervir no grupo, para controlar, dessa maneira, o movimento messiânico. Contudo, essa mesma circunstância demonstra o testemunho público de fé da comunidade dos fiéis. Diante de tal testemunho, no qual os cristãos depuseram e manifestaram sua fé publicamente, o narrador menciona duas reações: a do povo, que, tomado de temor, não arriscava se aproximar dos discípulos, embora tivesse diante de si uma experiência religiosa que o atraía, fazendo com que o grupo crescesse cada vez mais; e a dos líderes religiosos, representados na passagem pelo partido dos saduceus, que, por "inveja" (At 5,17) e pela postura de desprezo em relação a Jesus ressuscitado, não mencionaram nem seu nome (At 5,28).

A liberdade dos cristãos em relação a sua fé e à aceitação da novidade que era Jesus e a ação de Deus, contrapunham-se à visão conservadora e fechada dos líderes religiosos do Templo de Jerusalém. Estes não conseguiam perceber o projeto de Deus que se concretizava na libertação dos doentes e dos atormentados. Presos à ortodoxia judaica e com um sentimento de autoconservação, eles prefeririam sufocar a ação libertadora de Deus e se fechar a ela.

6.5 Barnabé: exemplo de generosidade; Ananias e Safira: modelos de contratestemunho e de infidelidade

A perícope que narra a generosidade de Barnabé está posicionada logo após o segundo sumário da narrativa de Lucas, que fala a respeito da comunidade cristã primitiva. Ela apresenta a figura de Barnabé, personagem importante e exemplo que edifica a Igreja. O autor, de alguma maneira, teve acesso às lembranças sobre esse importante personagem cristão, que se tornaria, no desenvolvimento do livro dos Atos dos Apóstolos, um grande missionário do mundo pagão (At 11,25-26; 13,1-3).

> **A generosidade de Barnabé** – José, a quem os apóstolos haviam dado o cognome de Barnabé, que quer dizer "filho da consolação", era um levita originário de Chipre. Sendo proprietário de um campo, vendeu-o e trouxe o dinheiro, depositando-o aos pés dos apóstolos. (At 4,36-37)

Portanto, ele era um levita, como informa a narrativa, de nome judaico *José*, porém chamado pelo grupo apostólico de *Barnabé*, que significa "filho da consolação" (At 4,36) e também "exortação", como o texto menciona mais à frente (At 11,23).

O que podemos saber sobre esse personagem de tamanho relevo nos primórdios da Igreja? É possível que ele fosse um judeu da diáspora, que fora morar em Jerusalém na expectativa da vinda do Messias e, num determinado momento de sua vida, aderiu à fé em Jesus Cristo (Bíblia, 1991, p. 103). O texto do livro dos Atos dos Apóstolos o apresenta como alguém generoso, que vivia a novidade cristã de maneira radical, expressa na prática de comunhão e na entrega. Ele vendeu a propriedade que tinha e colocou o dinheiro à disposição dos apóstolos (At 4,37), ou seja, à disposição dos pobres. Assim, tornou-se exemplo de fraternidade concretizada na partilha dos bens materiais, em total acordo com os sumários lucanos. De acordo com alguns estudiosos, tal ação é mencionada como exemplo para a comunidade de Lucas por um motivo: a ação de Barnabé não seria lembrada se todas as pessoas da comunidade "fossem obrigadas" a fazê-lo (Dillon, 2011, p. 340). Barnabé, em sua adesão à fé, escolheu viver o radicalismo da vida cristã.

A figura de Barnabé é apresentada por Lucas com uma importante função de ligação. Esse fato se confirma quando, como membro da comunidade de Jerusalém, faz-se um vínculo de relação entre a comunidade original dos doze e Paulo. Barnabé é quem primeiro confiou na conversão de Paulo, conforme a narrativa: "tomou-o consigo" e levou Paulo até os apóstolos, com a intenção de assegurar, perante os doze, o novo convertido (At 9,27; 11,25-26).

Com essas informações a respeito do retrato de Barnabé quando chegou à comunidade primitiva, entendemos melhor o posicionamento da perícope e o motivo que leva Lucas, em seguida, a relatar uma passagem que descreve a falta de fé, de abertura e de confiança do casal Ananias e Safira em relação ao seguimento do Senhor.

Acompanhemos a perícope que apresenta a fraude de Ananias e Safira:

> **A fraude de Ananias e de Safira** – Entretanto, certo homem, chamado Ananias, de acordo com sua mulher, Safira, vendeu uma propriedade. Mas, com a conivência da esposa, reteve parte do preço. Levando depois uma parte, depositou-a aos pés dos apóstolos. Disse-lhe então Pedro: "Ananias, porque encheu Satanás o teu coração para mentires ao Espírito Santo, retendo parte do preço do terreno? Porventura, mantendo-o não permaneceria teu e, vendido, não continuaria em teu poder? Por que, pois, concebeste em teu coração este projeto? Não foi a homens que mentiste, mas a Deus". Ao ouvir estas palavras, Ananias caiu e expirou. E um grande temor sobreveio a todos os que disto ouviram falar. Os jovens, acorrendo, envolveram o corpo e o retiraram, dando-lhe sepultura. Passou-se o intervalo de cerca de três horas. Sua esposa, nada sabendo do que sucedera entrou. Pedro interpelou-a: "Dize-me, foi por tal preço que vendestes o terreno?" E ela respondeu: "Sim, por tal preço". Retrucou-lhe Pedro: "Porque vos pusestes de acordo para tentardes o Espírito do Senhor? Eis à porta os pés dos que sepultaram teu marido; eles levarão também a ti". No mesmo instante ela caiu a seus pés e expirou. Os jovens, que entravam de volta, encontraram-na morta; levaram-na e a enterraram junto a seu marido. Sobreveio então grande temor à Igreja inteira e a todos os que tiveram notícia destes fatos. (At 5,1-11)

A perícope sobre o casal Ananias e Safira, narrada logo depois do exemplo do generoso e fiel Barnabé, mostra que a comunidade dos cristãos também tinha seus problemas e revela como ela fazia para enfrentá-los. Esse foi o primeiro acontecimento que apontou um conflito obscuro dentro da comunidade cristã, gerada e guiada pelo Espírito Santo.

A passagem teve início com a exposição da mentira do casal (At 5,1-2). Eles não estavam com o mesmo sentimento de liberdade no qual se encontravam os membros da comunidade em relação aos bens materiais, então, mentiram. No diálogo entre Pedro e Ananias, não há respostas para as interpelações: "Ananias, por que encheu Satanás o teu coração para mentires ao Espírito Santo" (At 5,3); "não continuaria em teu poder? Por que, pois, concebeste em teu coração este projeto?" (At 5,4). Ananias, sem nada responder, caiu morto. A narrativa assinala: "Ao ouvir estas palavras" (At 5,5). Essa primeira parte da passagem se conclui com a reação dos que ficaram sabendo do fato – "E grande temor sobreveio a todos" (At 5,5) – e com a cena dos jovens que levaram o corpo de Ananias (At 5,6).

A segunda cena da perícope fala sobre a mulher de Ananias, Safira. A cena seguiu no mesmo esquema da anterior: iniciou-se com explicação da situação da ignorância da esposa e o questionamento de Pedro, que deu chance à mulher para que se explicasse (At 5,8), mas ela confirmou a mentira do marido. Pedro, líder da comunidade primitiva, repetiu a pergunta para questionar a hipocrisia e a mentira que se colocavam contra o "Espírito do Senhor" (At 5,9). Portanto, mais do que enganar a comunidade, os cônjuges pretenderam enganar o "Espírito" que dirigia a comunidade.

A fé e a experiência com o Espírito do Senhor produziram na comunidade uma nova forma de relação. O casal deu contratestemunho quando teve medo de abrir mão de suas posses materiais e participar ativamente da Igreja, numa comunidade de comunhão fraterna.

Assim como Ananias, Safira caiu morta e foi levada pelos jovens que a sepultaram (At 5,10). A perícope termina com a mesma reação da parte da Igreja: o sentimento de temor tomou conta da "Igreja inteira" (At 5,11).

Um julgamento rápido do relato nos conduz a questionar por que Pedro, ou a Igreja, não deu ao casal uma chance de reconhecer seu erro e explicar a situação? Em vez disso, deparamos com um castigo severo, muito parecido com os apresentados nos textos do Antigo Testamento (1Rs 14,1-18). O motivo do castigo tem fundamento teológico: o pecado do casal não estava contido na mentira motivada por vaidade ou por apego, mas na afronta à integridade da comunidade, que tinha sua força no Espírito Santo. Esse era o Espírito do Senhor (At 5,3.9). Não é simplesmente a seres humanos que os cônjuges mentiram, mas ao próprio Deus (At 5,4). O gesto dos dois não podia contaminar a Igreja com um sentimento de cobiça por dinheiro, o qual só poderia ter por trás o próprio Satanás (At 5,3), como no caso de Judas (Lc 22,3). E foi por esse motivo que o juízo de Deus se manifestou na pessoa de Pedro, "intérprete autorizado" dos fatos (Bíblia, 1991, p. 104) e responsável pela comunidade, que retomou as palavras de Moisés (At 3,23), citadas anteriormente em seu discurso (Lv 23,29).

Pela primeira vez no relato do livro dos Atos dos Apóstolos, Lucas chama a comunidade primitiva com o título de *ekklêsia*, Igreja (At 5,11), referindo-se à Igreja mãe de Jerusalém. Ela era herdeira da assembleia veterotestamentária, o povo da Antiga Aliança (Dt 13,1-19; 17,2-17), que deveria pertencer a Iahweh sem desvios idólatras, atualizada na passagem de Ananias e Safira, em que o ídolo era o apego ao dinheiro. O pecado do casal foi a causa de sua exclusão da comunidade, por isso eles morreram para ela, estabelecendo uma aliança com a mentira e a morte. Essa morte esperava por aqueles que não confiavam no poder de Deus e colocavam em risco a santidade da comunidade cristã. O apego aos bens materiais, a hipocrisia e a mentira eram barreiras para todos os que desejassem fazer parte dessa Igreja, a qual Pedro tinha autoridade para exortar e conduzir com justiça.

Síntese

Neste capítulo, observamos que a comunidade primitiva de Jerusalém é modelo para toda a Igreja, pois Lucas a apresenta como continuidade dela, a *ekklêsia*, a assembleia reunida ao redor de Deus (Iahweh). A característica fundamental dessa Igreja era a perseverança, que tinha significado de fidelidade e de comprometimento com um serviço, bem como a alegria, que, no livro dos Atos dos Apóstolos, definia a experiência da comunidade, sua esperança e sua fé na salvação messiânica.

Outro traço revelado neste capítulo foi o modelo de vida da comunidade de Jerusalém, a partir da ressurreição de Jesus, baseado na relação de filiação – em Jesus todos podem ser filhos – e na relação fraternal – como filhos de Deus, todos são irmãos.

Além disso, analisamos os sumários dos Atos, nos quais Lucas mostra a liberdade dos cristãos em relação a sua fé e à aceitação de Jesus, bem como a forma como a ação de Deus se contrapôs à visão conservadora e fechada dos líderes religiosos do Templo de Jerusalém.

Nosso objetivo neste capítulo foi demonstrar que a primeira comunidade cristã tinha uma grande força que a impulsionava para testemunhar a salvação em Jesus Cristo. Assim, ela pode e deve ser exemplo a ser seguido pela Igreja de hoje.

Atividades de autoavaliação

1. As narrativas lucanas sobre os primórdios da Igreja foram escritas muito tempo depois de os fatos nelas abordados terem acontecido. Certamente o autor teve acesso a lembranças e a tradições sobre o modo de viver da primeira comunidade, apresentando-a, em seu texto, como um modo ideal do cristianismo, para que nela todo crente busque força e inspiração. Com base nessa sentença, referindo-se a um modelo ideal cristão, é possível afirmar:
   a) Por se tratar de um ideal cristão, a comunidade delineada por Lucas nunca existiu.
   b) *Ideal* é apenas uma ideia que não foi concretizada.
   c) Por se tratar de um ideal cristão, não implica nada o fato de Lucas ter fornecido lembranças reais da forma concreta como viviam os primeiros cristãos.

d) O ideal cristão descrito por Lucas abrange apenas a vida espiritual dos que aderiam à nova fé.

2. O grupo de cristãos que fez parte da comunidade primitiva descrita no livro dos Atos dos Apóstolos estava completamente envolvido com o anúncio que acolheu. A prática nascida com base na experiência do Espírito (At 2,1) tinha uma característica fundamental na comunidade. Assinale a alternativa que corresponde a essa importante característica:
   a) O desprendimento das questões humanas.
   b) A perseverança.
   c) A adesão à fé.
   d) O batismo.

3. *Koinonia*, em Lucas, é um termo que expressa a unidade espiritual dos cristãos que tinham como base uma mesma fé e um único projeto de vida. O que supunha esse projeto?
   a) Uma união fraterna que se traduzia, na prática, na participação dos bens, fato confirmado no segundo sumário trazido pela obra lucana.
   b) Uma refeição comum, em que o pai ou chefe de determinado grupo tomava o pão.
   c) Um modo de vida separatista.
   d) Uma união baseada nos ideais filosóficos conhecidos por Lucas.

4. Marque V para as afirmativas verdadeiras e F para as falsas:
   ( ) Perseverar na palavra é buscar a vivência e o aprofundamento da mensagem cristã.
   ( ) Perseverar na palavra é conhecer o querigma.
   ( ) Perseverar na palavra é uma catequese constante, na qual os cristãos são animados e exortados à fé.
   ( ) Perseverar na palavra é não se afastar do judaísmo.

Agora, assinale a alternativa que apresenta a sequência correta:

a) F, F, V, V.
b) V, F, V, F.
c) F, V, F, V.
d) V, V, F, F.

5. Assinale a alternativa que identifica o motivo do pecado de Ananias e Safira.

a) Uso da mentira por motivo de vaidade ou apego aos bens materiais.
b) Afronta à integridade da comunidade cristã, que tinha sua força no Espírito Santo.
c) O pecado de Ananias e Safira poderia contaminar a Igreja, que era obrigada a partilhar.
d) O pecado que Ananias e Safira cometeram foi não estarem junto para se defender.

Atividades de aprendizagem

Questões para reflexão

1. Leia os dois sumários principais do livro dos Atos dos Apóstolos, que apresentam a prática da comunidade cristã (At 2,42-47; 4,32-35), e liste o que eles têm em comum.

2. "Não havia entre eles necessitado algum" (At 4,34). Na comunidade descrita no livro dos Atos dos Apóstolos, a todos era oferecida uma vida digna, uma vida com condições básica para que ela acontecesse. O que isso significa para você? Você conhece os documentos do Conselho Episcopal Latino-Americano (Celam) e sua postura sobre os excluídos da América Latina?

3. A fração do pão entendida como eucaristia, gesto de solidariedade e de fraternidade na celebração litúrgica da missa, pode refletir na sua vida como cristão? Qual o sentido dela com base nos textos do livro dos Atos dos Apóstolos?

4. A razão pela qual a comunidade cristã primitiva escolheu uma vida de partilha foi a fé em Jesus Cristo. Nele, todos são filhos do mesmo Pai e, portanto, irmãos. Ser filho também é fazer a vontade do Pai, e uma delas é o fim da miséria no mundo. É possível, nesse contexto, fazer uma ponte com questões mundiais, como a fome no Sudão ou os refugiados da Síria? Qual é a responsabilidade do cristão ou da Igreja em relação aos irmãos de todo o mundo?

Atividade aplicada: prática

1. Apresente a um grupo formado por cristãos o sumário lucano (Lc 2,42-47) e desenvolva perguntas sobre aquela realidade e sobre o que ela tem a nos propor hoje. Pergunte a sua plateia se ela entende que a fé cristã é encarnada, vivida na práxis eclesial etc. Depois, elabore um texto com as observações feitas.

Considerações finais

As questões apresentadas neste trabalho buscaram oferecer a você, leitor, informações importantes sobre os temas desenvolvidos nos Evangelhos Sinóticos e no livro dos Atos dos Apóstolos.

No primeiro capítulo, ao apresentarmos o significado do termo *evangelho*, seu processo de formação, suas características, as formas que assume, o motivo que levou os três textos e serem conhecidos como *sinóticos* e a finalidade de seus autores, tivemos como objetivo auxiliar o entendimento da construção e do significado dessas obras para a Igreja.

Nos capítulos que expuseram os Evangelhos segundo Marcos, segundo Mateus e segundo Lucas, apresentamos elementos importantes sobre as comunidades por trás dessas obras, bem como fontes, desenvolvimento, teologia e outras características, de modo a trazer certa intimidade com essas narrativas.

No desenvolvimento sobre o início da Igreja, representado pelo livro dos Atos dos Apóstolos, observamos a força impulsionadora do Espírito

Santo a uma comunidade que, antes da experiência do Pentecostes, estava fechada, mas que, com o dom do Alto, ganhou coragem, anunciou o caminho salvador com ousadia e levou a Boa Nova da salvação em Jesus Cristo "até os confins da terra" (At 1,8).

Sobre as missões de Paulo, trouxemos informações importantes sobre os motivos que levaram Lucas a dedicar boa parte de sua segunda obra a esse grande missionário da Igreja.

Na abordagem dos sumários da primeira comunidade, descrita no livro dos Atos dos Apóstolos, abordamos a prática da Igreja primitiva, que tinha consciência de continuidade da obra salvadora de Jesus Cristo e, por isso, vivia uma prática que era sinal da justiça de Deus no mundo.

Obviamente, o conhecimento sobre os temas aqui apresentados não se esgota neste trabalho. Nosso objetivo foi promover uma aproximação com os textos apresentados. Cabe a você aprofundar-se no conhecimento do assunto, exposto em inúmeras obras escritas por excelentes biblistas. Antes de consultar os comentários bíblicos, porém, é imprescindível que você realize a leitura dos textos bíblicos. Leia cada um dos livros aqui apresentados e verifique as notas explicativas que as edições bíblicas oferecem.

Ressaltamos, ainda, que, na busca pelo conhecimento do Evangelho de Jesus Cristo, é importantíssima a leitura dos textos dos Evangelhos Sinóticos e do livro dos Atos dos Apóstolos.

Bons estudos!

Referências

AUNEAU, J. Evangelho de Marcos. In: AUNEAU, J. et al. **Evangelhos Sinóticos e Atos dos Apóstolos**. São Paulo: Paulinas, 1985. p. 59-134.

AUNEAU, J. et al. **Evangelhos Sinóticos e Atos dos Apóstolos**. São Paulo: Paulinas, 1985.

BALANCINI, E. M. **Como ler o evangelho de Marcos**: quem é Jesus? 7. ed. São Paulo: Paulus, 2005.

BARRETO, A. R. B. **A centelha na palha**: expansão e desenvolvimento nos primórdios do cristianismo segundo a tradição dos Atos dos Apóstolos. São Leopoldo: Oikos, 2014.

BÍBLIA. Português. **Bíblia de Jerusalém**. São Paulo: Paulus, 2002.

BÍBLIA. Português. **Bíblia de Jerusalém**. São Paulo: Paulus, 2004.

BÍBLIA. Português. **Nova Bíblia Pastoral**. São Paulo: Paulus, 2014.

BÍBLIA (Novo Testamento). **Os Atos dos Apóstolos**. Tradução de Rinaldo Fabris e Siro Manuel de Oliveira. São Paulo: Loyola, 1991. (Bíblica Loyola, v. 3).

BOVON, F. Evangelho de Lucas e Atos dos Apóstolos. In: AUNEAU, J. et al. **Evangelhos Sinóticos e Atos dos Apóstolos**. São Paulo: Paulinas, 1985. p. 203-284.

BROWN, R. E. **Introdução ao Novo Testamento**. 2. ed. São Paulo: Paulinas, 2012.

BROWN, R. E. **O nascimento do Messias**: comentário das narrativas da infância nos evangelhos de Mateus e Lucas. São Paulo: Paulinas, 2005.

BROWN, R. E.; FITZMYER, J. A.; MURPHY, R. E. (Ed.). **Novo comentário bíblico São Jerônimo**: Novo Testamento e artigos sistemáticos. Tradução de Celso Eronides Fernandes. São Paulo: Paulus; Santo André: Academia Cristã, 2011.

CARMONA, R. A. Evangelho segundo São Marcos. In: MONASTERIO, R. A.; CARMONA, A. R. **Evangelhos Sinóticos e Atos dos Apóstolos**. 5. ed. Tradução de Alceu Luiz Orso. São Paulo: Ave Maria, 2012a. (Coleção Introdução ao Estudo da Bíblia, v. 6). p. 95-18.

CARMONA, R. A. A obra de Lucas (Lucas – Atos). In: MONASTERIO, R. A.; CARMONA, A. R. **Evangelhos Sinóticos e Atos dos Apóstolos**. 5. ed. Tradução de Alceu Luiz Orso. São Paulo: Ave Maria, 2012b. (Coleção Introdução ao Estudo da Bíblia, v. 6). p. 265-366.

CASALEGNO, A. **Lucas**: a caminho com Jesus missionário. São Paulo: Loyola, 2003.

DILLON, R. J. Atos dos Apóstolos. In: BROWN, R. E.; FITZMYER, J. A.; MURPHY, R. E. (Ed.). **Novo comentário Bíblico São Jerônimo**: Novo Testamento e artigos sistemáticos. Tradução de Celso Eronides Fernandes. São Paulo: Paulus; Santo André: Academia Cristã, 2011. p. 309-398.

EGGER, W. **Metodologia do Novo Testamento**: introdução aos métodos linguísticos e histórico-críticos. São Paulo: Loyola, 1994.

GOURGUES, M.; CHARPENTIER, E. Introdução aos Evangelhos. In: AUNEAU, J. et al. **Evangelhos Sinóticos e Atos dos Apóstolos**. São Paulo: Paulinas, 1985. p. 11-56.

HARRINGTON, D. J. O Evangelho segundo Marcos. In: BROWN, R. E.; FITZMYER, J. A.; MURPHY, R. E. (Ed.). **Novo comentário Bíblico São Jerônimo**: Novo Testamento e artigos sistemáticos. Tradução de Celso Eronides Fernandes. São Paulo: Paulus; Santo André: Academia Cristã, 2011. p. 65-129.

JEREMIAS, J. **Jerusalém no tempo de Jesus**. São Paulo: Paulinas, 1983.

KARRIS, R. J. O Evangelho segundo Lucas. In: BROWN, R. E.; FITZMYER, J. A.; MURPHY, R. E. (Ed.). **Novo comentário Bíblico São Jerônimo**: Novo Testamento e artigos sistemáticos. Tradução de Celso Eronides Fernandes. São Paulo: Paulus; Santo André: Academia Cristã, 2011. p. 217-308.

MARCONCINI, B. **Os Evangelhos Sinóticos**: formação, redação, teologia. 4. ed. São Paulo: Paulinas, 2009.

MONASTERIO, R. A. Introdução aos Evangelhos Sinóticos. In: MONASTERIO, R. A.; CARMONA, A. R. **Evangelhos Sinóticos e Atos dos Apóstolos**. 5. ed. Tradução de Alceu Luiz Orso. São Paulo: Ave Maria, 2012a. (Coleção Introdução ao Estudo da Bíblia, v. 6). p. 13-94.

MONASTERIO, R. A. Evangelho segundo São Mateus. In: MONASTERIO, R. A.; CARMONA, A. R. **Evangelhos Sinóticos e Atos dos Apóstolos**. 5. ed. Tradução de Alceu Luiz Orso. São Paulo: Ave Maria, 2012b. (Coleção Introdução ao Estudo da Bíblia, v. 6). p. 185-264.

MYERS, C. **O Evangelho de São Marcos**. Tradução de I. F. L. Ferreira. São Paulo: Paulinas, 1992. (Coleção Grande Comentário Bíblico).

PERONDI, I. **A compaixão de Jesus com a mãe viúva de Naim (Lc 7,11-17)**: o emprego do verbo splangxizomai na perícope e no Evangelho de Lucas. Tese (Doutorado em Teologia) – Pontifícia Universidade Católica do Rio de Janeiro, Rio de Janeiro, 2015. Disponível em: <https://www.maxwell.vrac.puc-rio.br/26090/26090.PDF>. Acesso em: 8 dez. 2017.

RADERMAKERS, J. Evangelho de Mateus. In: AUNEAU, J. et al. **Evangelhos Sinóticos e Atos dos Apóstolos**. São Paulo: Paulinas, 1985. p. 137-199.

STORNIOLO, I. **Como ler o Evangelho de Lucas**: os pobres constroem a nova história. 3. ed. São Paulo: Paulus, 1992.

STORNIOLO, I. **Como ler o Evangelho de Mateus**: o caminho da justiça. 8. ed. São Paulo: Paulus, 2005.

TENNEY, M. C. **O Novo Testamento:** sua origem e análise. Tradução de Antônio Fernandes. São Paulo: Shedd Publicações, 2008.

VIVIANO, B. T. O Evangelho segundo Mateus. In: BROWN, R. E.; FITZMYER, J. A.; MURPHY, R. E. (Ed.). **Novo comentário Bíblico São Jerônimo:** Novo Testamento e artigos sistemáticos. Tradução de Celso Eronides Fernandes. São Paulo: Paulus; Santo André: Academia Cristã, 2011. p. 131-216.

Bibliografia comentada

AUNEAU, J. et al. **Evangelhos Sinóticos e Atos dos Apóstolos**. São Paulo: Paulinas, 1985.

    Esse é um ótimo material sobre os temas abordados neste livro. De linguagem acessível, apresenta muito bem o significado do termo *evangelho* e as formas literárias encontradas nesses textos.

BALANCINI, E. M. **Como ler o evangelho de Marcos**: quem é Jesus? 7. ed. São Paulo: Paulus, 2005.

    A coleção "Como ler" apresenta uma leitura popular para aqueles que querem iniciar o estudo dos evangelhos.

BÍBLIA. Português. **Bíblia de Jerusalém**. São Paulo: Paulus, 2002.

    Uma boa tradução faz toda diferença no estudo dos textos bíblicos. A Bíblia de Jerusalém é uma das traduções mais indicadas para o estudo de teologia.

BÍBLIA. Português. **Nova Bíblia Pastoral**. São Paulo: Paulus, 2014.

Essa edição da Nova Bíblia Pastoral apresenta ótimos comentários sobre o texto bíblico, além de trazer uma chave de leitura para cada um dos livros do Antigo e do Novo Testamentos.

BÍBLIA (Novo Testamento). **Os Atos dos Apóstolos**. Tradução de Rinaldo Fabris e Siro Manuel de Oliveira. São Paulo: Loyola, 1991. (Bíblica Loyola, v. 3).

Nessa obra, Rinaldo Fabris explica com detalhes cada uma das perícopes do livro dos Atos dos Apóstolos e traz informações sobre o batismo, o protagonismo de Pedro e de Paulo, entre outros pontos relevantes dessa obra de Lucas.

BROWN, R. E. **Introdução ao Novo Testamento**. São Paulo: Paulinas, 2004.

Trata-se de um comentário a respeito do Novo Testamento, com excelentes informações para quem deseja aprofundar seus conhecimentos sobre o assunto.

BROWN, R. E.; FITZMYER, J. A.; MURPHY, R. E. (Ed.). **Novo comentário bíblico São Jerônimo**: Novo Testamento e artigos sistemáticos. Tradução de Celso Eronides Fernandes. São Paulo: Paulus; Santo André: Academia Cristã, 2011.

Esse comentário bíblico, além de ser um ótimo material para pesquisa, apresenta temas como inspiração, canonicidade, apócrifos, hermenêutica, história de Israel, instituições religiosas de Israel e outros.

MARCONCINI, B. 4. ed. **Os Evangelhos Sinóticos**: formação, redação, teologia. São Paulo: Paulinas, 2009.

Ótima obra sobre a formação e a teologia dos evangelhos, que aborda temas como o Reino de Deus, o milagre e a ressurreição de Cristo.

Respostas

Capítulo 1
Atividades de autoavaliação
1. a
2. c
3. b
4. b
5. d

Capítulo 2
Atividades de autoavaliação
1. a
2. b
3. b
4. c
5. c

Capítulo 3
Atividades de autoavaliação
1. a
2. b
3. c
4. b, c
5. d

Capítulo 4
Atividades de autoavaliação
1. d
2. c
3. c
4. b
5. d

Capítulo 5
Atividades de autoavaliação
1. b
2. c
3. b
4. a
5. a

Capítulo 6
Atividades de autoavaliação
1. c
2. b
3. a
4. b
5. b

Sobre a autora

Cristina Aleixo Simões é graduada e mestre em Teologia pela Pontifícia Universidade Católica do Paraná (PUCPR). É especialista em Espiritualidade pela Faculdade de Pinhais (Unifapi) e docente nos cursos de pós-graduação em Teologia Bíblica e Espiritualidade do Instituto de Educação, Cultura e Humanidades (INSECH). É docente e conteudista dos cursos de graduação em Teologia Católica EaD do Centro Universitário Internacional Uninter e Uningá e docente da área de Teologia Bíblica do Seminário Propedêutico São José da Arquidiocese de Londrina-PR.

Impressão:
Fevereiro/2024